突 破 认 知 的 边 界

儒来礼往

徐昂 著

光明日报出版社

图书在版编目（CIP）数据

礼尚往来 / 徐昂著. -- 北京 ：光明日报出版社，
2025. 2. -- ISBN 978-7-5194-8401-9

Ⅰ．K892.26-49

中国国家版本馆CIP数据核字第2025W7J510号

礼尚往来

LISHANG WANGLAI

著　者：徐　昂

责任编辑：王　娟　　　　　　　　　　责任校对：徐　蔚

特约编辑：李东旭　　　　　　　　　　责任印制：曹　净

封面设计：于沧海

出版发行：光明日报出版社

地　　址：北京市西城区永安路 106 号，100050

电　　话：010-63169890（咨询），010-63131930（邮购）

传　　真：010-63131930

网　　址：http://book.gmw.cn

E－mail：gmrbcbs@gmw.cn

法律顾问：北京市兰台律师事务所龚柳方律师

印　　刷：河北文扬印刷有限公司

装　　订：河北文扬印刷有限公司

本书如有破损、缺页、装订错误，请与本社联系调换，电话：010-63131930

开　　本：170mm×240mm　　　　　　印　　张：15

字　　数：171 千字

版　　次：2025 年 2 月第 1 版

印　　次：2025 年 2 月第 1 次印刷

书　　号：ISBN 978-7-5194-8401-9

定　　价：58.00 元

　　中国自古以来就是一个礼仪之邦，"不学礼，无以立"，温文尔雅，落落大方，见义勇为，谦恭礼让……更是人际交往中考量一个人品质和素质的重要指标。然而在现实社会中，有的人虽然表面上相当重"礼"，言必称"谢谢"，行必合"规矩"，但却不懂礼尚往来的重要。

　　说到礼尚往来，大多数人都误以为是要互相赠送礼物或输送利益，以达成某种见不得人的勾当，这是对礼尚往来这一社交准则错误、狭隘而市侩的理解。

　　古人重礼守礼，而礼尚往来也是礼的一部分，甚至可以说是一个核心原则。在一段和谐的交往中，一方先展示自己的礼，对方接受这份礼，并根据礼尚往来的原则，表现自己的礼，这是君子之交的充分体现，也是礼尚往来的真正内涵之所在，本书正是基于这一内涵写就的。

　　那么，在人际交往中究竟如何讲"礼"，又如何做到礼尚往来呢？《礼记》中说："礼尚往来。往而不来，非礼也；来而不往，亦非礼也。"作为一种人际交往的艺术，礼尚往来就是在理解人性的基础上，在与人交往的过程中，借助于得体的"礼"，恰到好处地表达自己的情感，唤起对方的共鸣，促成良好关系的形成。在这一过程中，需要我们懂得一些人情世故，既能巧妙地利用自身资源给予他人尊重和帮助，也能灵活地接受他人的尊重和帮助；既能在你来我往的相处中投桃报李，也能知人识人，把握与不同的人往来的尺度，确保"有礼则安""礼不逾节"。

　　本书紧扣"礼尚往来"这一传统礼仪要求，系统介绍了礼尚往来在人际交往中的重要作用，以及在个人生活和工作中如何灵活运用这一交往技巧促成有效的沟通和合作，从而创造一种互相协作、互惠互利的关系，进而营造一个良好的生活和工作环境，使自己获得生活的幸福和事业的成功。

目 录

第一章

有『礼』走遍天下

　　中国有句谚语："有'礼'走遍天下，无'礼'寸步难行。"这句话道出了礼在人际交往中的重要作用。无论是在家庭生活还是社会工作中，礼尚往来都是一种基本的社交涵养。正所谓"有礼则安，无礼则危"，在人际交往中了解并学会礼尚往来，不但可以增强人际交往与互动，还能让自己在与人交往中慢慢变得强大起来。

有礼则安，无礼则危

一、促进交往

礼尚往来。往而不来，非礼也；来而不往，亦非礼也。

【简译】

礼注重有来有往。给他人好处而他人不来回报，这是失礼；得到他人的好处而不回报他人，也不是懂礼的行为。

【评议】

这句话出自《礼记·曲礼上》，强调了在人际交往过程中人与人之间保持"施与报"平衡的重要性，道出了人际交往的重要原则，也说明了礼在促进人际交往中的重要作用。

所谓礼，最早指的是古代的祭神、祭天的礼仪，后来引申为表达敬意的通称，还引申为表达敬意的物品，即礼物。如今它已经逐渐演变为一种行为准则和道德规范，在人们的生活和工作中占据着重要的地位。

《礼记》之所以提出"礼尚往来。往而不来，非礼也；来而不往，亦非礼也",就是因为无论是在言行上对他人彬彬有礼,还是用礼物表达礼节,就本质而言,都体现了双方的敬意。就他人而言,表现礼,说明对方懂礼,是知礼守礼之人,是知恩图报之人;对自己而言,表现礼是一种无言的感情述说——我重视你,表达对对方的尊重,说明自己眼中有对方,心里装着对方。

在中国古代,有许多这样的事例,其中一个著名的例子就是韩信的"一饭之恩"故事。

韩信是西汉时期的著名将领。在他年轻时,因家境贫寒,常常没有饭吃。有一次,他在淮水边钓了一些鱼,希望能换到一些食物。但是因为钓到的鱼太少,根本换不到食物。这时,一位洗衣的妇人看到他饿得可怜,便每天将自己的饭分给他吃,持续了几十天。韩信非常感激,对这位妇人说:"我将来一定会好好报答你。"妇人却生气地说:"我是看你可怜才给你饭吃,不图什么报答。"

后来,韩信在楚汉战争中立下赫赫战功,被封为楚王。但他始终没有忘记那位洗衣妇人的一饭之恩,派人四处寻找她,最终找到了她,并以千金相赠。

人本主义心理学家马斯洛在其需求层次理论中将人的需求分为五个层次,从低到高依次是生理需求、安全需求、交际需求、尊重需求以及自我实现的需求。其中尊重需求放在了仅次于自我实现的需求前面,足见尊重需求之于人的重要性。这一需求的满足主要是来自他人。

在人际交往过程中如何用不可缺少的礼表现对对方的尊重,满足对方这一需求呢?知礼守礼的言行举止就可以达到这样的目的,比如获得对方的帮助后及时予以回应，一句简单的"谢谢"，一份精心挑选的小礼物，都能无声地告诉对方你的感谢和感动，同样也满足了对方的尊重需求。如此一来，对方借助于你的小小的举动，感受到自己的付出被你认可，进而在内心肯定你，认为你值得交往，由此就可能开启你们双方的人际交往互动。

所以，礼尚往来是尊重，是感动，更是情感的传达和互动的开始。持续的礼尚往来，能成为与他人情感交流的纽带，可以促进和睦友好的人际关系的形成和发展。

【事例】

一只烤乳猪促成的交往

春秋时期鲁国的政治家、思想家和教育家孔子，一生重礼，本人更是礼的身体力行者，时刻要求自己在一言一行上都合乎礼。为了传播礼的理念，他曾周游十二国，亲自向人们讲说自己的思想主张，因此孔子在当时极具影响力，被人们看作礼的化身，是众人崇拜的对象，几乎每到一处，拜访者都络绎不绝。

一天，已经名满鲁国、被达官显贵的拜访弄得不胜其烦的孔子，听闻弟子说阳虎来访，瞬间唤起了他不愉快的回忆。于是他赶紧让人传话说他不在。

阳虎是什么人呢？他和孔子之间有着怎样的过节儿呢？

原来，阳虎和孔子是旧相识。二人虽然同为没落贵族的后人，但是志向不同。孔子想成为一代大家，因此甘于穷苦的生活，一心向学；阳虎则想重振家业，爬上权力的高峰，于是委身权贵季孙氏，做了季孙氏的家臣。

有一天，季孙氏宴请鲁国士一级的人物（也就是底层贵族），孔子听说了，特别高兴，因为在宴会上能吃到烤乳猪——这是孔子的最爱。现在机会来了，必须得抓住。就在孔子兴高采烈地前去赴宴，想着终于可以吃上一次烤乳猪时，阳虎这只"拦路虎"出现了。在季孙氏家的门前，当着来来往往的宾客的面，阳虎不但将孔子拦住，还说"季氏飨士，非敢飨子也"，意思是说，季孙氏摆宴招待的是士人，不是招待你这样的小孩子的。阳虎的话让孔子无言以对，一方面，他当时才17岁，是名副其实的"小子"；另一方面，"小子"这个词在当时可不是什么好称呼，代表着对人的蔑视，包含着"嘴巴无毛，办事不牢"的意思。17岁的孔子满怀羞愤，无奈地回了家。实际上，阳虎拦住孔子，并非心存恶念，而是因为孔子当时正处于母丧期间，腰间系着代表守孝的"腰绖"，不宜参加宴会。然而，少年孔子的自尊心受到了严重的伤害，从此将阳虎记在了心间。

风水轮流转，多年后孔子成了名闻天下的大家，就连鲁国的君主鲁定公都因其有大才而经常请他到宫中讲学。此时已经人到中年的阳虎也拥有了巨大的权力，把持着鲁国朝政，渴望与晋国结盟，共同对抗齐国。孔子这一在多国都极具影响力的人物，自然成了他想要争取的同盟。

吃了闭门羹的阳虎想起过往，想到了当年孔子的"蹭饭"之举。

于是，他就将一只烤得油光锃亮、香气扑鼻的烤乳猪送到了孔子府上。这只诱人的烤乳猪，迫使一向信守"来而不往非礼也"信条的孔子不得不亲自上门致谢。但是，为了避免和阳虎碰面，孔子专门选了阳虎不在家的那天去。可没想到，阳虎早在半路上迎着他呢。二人见面，阳虎二话没说就问孔子："怀其宝而迷其邦，可谓仁乎？好从事而亟失时，可谓知乎？"（一个人如果有德才而不为国效力，这是仁的行为吗？一个喜欢做事的人却任凭机会白白失去，这是聪明之举吗？）孔子说："不可。"接着阳虎又说："日月逝矣，岁不我与。"（时间飞逝，岁月不会等人。）孔子说："诺，吾将仕矣。"（好，我将出仕为官。）此后，孔子心甘情愿地入朝，和阳虎做起了同事。

【评析】

上面的故事出自《史记·孔子世家》和《论语·阳货篇》。故事中，阳虎借一只烤乳猪，成功地敲开了孔子的心门，促成了二人的来往，达到了自己的目的——为鲁国朝堂招揽了一名大儒、名士，为自己争取到了一名振兴鲁国、提升鲁国在各诸侯国间的影响力的同盟。

阅读故事可知，不管是有心还是无意，孔子和阳虎之间是有过节儿的。试想，一个成长中的少年，被人当众拒绝，且被称呼为"小子"，该多么尴尬？更不用说到嘴的烤肉不翼而飞，这生生就是虎口夺食之仇呀。这种伤自尊和伤胃口的旧怨，决定了孔子不愿意和阳虎来往。二人之间似乎真的没了来往的可能性。

然而，阳虎是什么人？朝中极具影响力的重臣。这样的人既然可以影响朝堂，又怎么可能被一道门拦住呢？接下来，他巧妙地借助于礼尚往来这一人际交往的技巧，让孔子自动上门拜访。而这里的"礼"是实实在在的礼物——一只烤乳猪，这礼物选得让人无法拒绝。结果就是让讲究礼、重视礼的孔子不得不本着礼尚往来的原则，主动上门拜访，让阳虎达成所愿。

从阳虎和孔子的故事来看，礼尚往来用于人际交往，不仅可以表达感谢之情，还可以消除旧怨，促成良好的人际沟通。

二、维护关系

礼之用，和为贵。

在运用礼的时候，要讲究和，以和为贵。

这句话出自《论语·学而篇》，是孔子的弟子有子的话，强调恰到好处的礼在社会生活中的作用，即维护人际关系，促成和谐的人际氛围。

"和为贵"是儒家传统思想中关于社会秩序和人际关系的核心观念。在儒家看来，遵礼而行，可以让人们彼此之间保持适当的界限，不至于冒犯和干扰他人。在现实生活中也可以看到，人与人之间，无论是生活还是共事，倘若能彼此以礼相待，礼尚往来，互相尊重，那么关系就会和谐得多。在这种和谐的环境中，每个人的心情都会舒畅许多，无论是工作、学习还是生活都会变得轻松得多。

　　清朝雍正年间，苏州的一个老妇人在一个偏僻的小巷子里开了一家小面馆，因为规模小，加上地理位置不好，知道的人并不多，生意很冷清。一天，一个抱着孩子的妇人走进面馆，要了一碗阳春面，结果还没来得及吃就被调皮的孩子打翻了。客人连忙拿出钱要赔打碎的碗。而老妇人在确定孩子没被烫到后，拒绝了赔偿，反而为这母子二人又送上了一碗面。妇人感动万分，千恩万谢地离开后，到处宣扬这位面馆主人的善良。久而久之，越来越多的人知道了这家面馆，来吃面的人也就越来越多，面馆的生意也就越来越好了。

　　在这个故事中，面馆主人的一个善意之举，换来的不只是妇人的感谢，还有妇人的免费宣传，这无意中拉动了面馆的生意。反之，如果老妇人追究客人的过错，收了一个碗的钱，结果又会怎样呢？这正好证明了礼尚往来之于维护关系的重要作用。

　　可见，古今中外，大至家族、团体，小至个人，倘若都能学习和掌握相应的礼节，并依礼节做人做事，那么人与人之间就会多了友好，少了冲突。但是问题来了，为什么同样守礼，结果却不同呢？其中的原因就在于，虽然都遵守了礼，但是有的人没能做到"礼尚往来"。

　　礼，不是一个人的独角戏，需要在关系中体现出来。在遵行礼的过程中，人除了要守规则外，还要考虑礼背后的情感因素。如果单纯将礼作为一种原则去做人做事，那么礼就失去了"和为贵"的核心。

　　所以，礼至柔又至刚，在做事情的时候，除了要坚持"礼"，还要兼顾"和"。礼尚往来，体现的就是礼的"和"的一面，即要保持互惠互利、客观公平；要体现尊重，要有礼有节。如此才能维护人际关系，增加人与人之间的友谊，促成和谐关系的形成，确保工作的顺利和生活的平顺，以及社会的稳定和发展。

【事例】

孟母以礼维护关系

被尊为"亚圣"的孟子，是一个极其重视礼的人。他认为"无礼义，则上下乱"，所以将礼和仁、义、智视为人必备的四种德性，并以此要求自己。

一天，孟子的妻子从田间劳作回家。因为天气炎热，加上家中没人，她就想放松放松，于是"箕踞而坐"。就在她正享受这难得的舒服和放松时，孟子突然推门而入，将妻子此时的仪态尽收眼底。孟子勃然大怒，禀告他的母亲自己要休妻。孟母感到很奇怪，询问原因，知道是因为儿媳妇"箕踞"激怒了儿子。这位知礼懂礼的母亲反问了儿子一句："你是怎么知道的呢？"孟子言之凿凿地说是自己亲眼所见。孟母反问了一句："不是她不讲礼仪，而是你不讲礼仪呀。《礼经》上不是说将要进门的时候，一定要先询问谁在屋里；将要进入厅堂的时候，一定要高声通知里面的人；将要进屋的时候，一定要将目光下垂。《礼经》之所以这样说，就是为了避免发生措手不及、无所防备的事情。现在你的妻子在休息的房间独处，你进屋却没有提前让她知道，这是你看到她'箕踞'的原因。这样看来，不讲礼仪的是你，而不是你的妻子呀。"孟子一听，脸涨得通红。从此之后，他再也不提休妻的事了。

【评析】

这是《韩诗外传》中的一个故事。虽然谈的是家常小事，但是却表现了古代"礼"的重要性。那么，孟妻的"不守礼"和孟子的"不守礼"分别体现在哪些方面呢？

从孟妻的角度来看，不守礼在于"箕踞而坐"。什么是箕踞而坐？这还要从古人的衣着和坐姿谈起。春秋战国时期，人们的衣服基本上是上衣下裳，上身穿的叫衣，下身穿的是裳。裳是什么样的呢？就类似于半身裙，裙子里面是长度不超过膝盖的两个单独的裤管，绑在腿上，没有裤裆，而且膝盖以上的部分基本上完全裸露着，类似于现在孩子的开裆裤，身体活动幅度过大时，就存在"走光"的危险。因为这个原因，古人一般只有四种坐姿：一是跪坐，也称正坐，就是屈膝跪坐，将臀部放于脚跟上，双手置于膝上，目不斜视。二是跽坐，也称长跪，双膝着地，上身挺直。三是趺坐，就是双盘，这是一种两脚交叠放在两条大腿上的姿势，双手自然交叉放在两腿中间或分别垂放在两个膝盖上。四是箕踞，就是臀部坐在地上，两腿八字分开，膝盖微曲，形状如同簸箕，这种坐姿在当时是极其不合礼节的，与人对坐时，用这种坐姿，是非常失礼的行为。

单纯从坐姿的角度来看，孟妻的这一姿势的确不雅。如果有第二个人在场，那真的是相当失礼。问题是，当时房间内没其他人。独自一个人，加之太过劳累，取箕踞这一坐姿正好可以让自己身心放松。从人性的角度来看，无可厚非。

从孟子的角度来看，他的不守礼体现在哪里呢？孟母分析得相当明确，那就是不宣而入。

从孟母的表述来看，孟子的无礼表现在：一是没询问谁在屋里就进入；二是在进入厅堂时，没高声通知；三是进屋后目光放肆，看了不该看的。这样一看，孟子的休妻行为不但没道理，而且自身存在那么多的问题，还要挑剔妻子的礼仪，明显是"责人以严，待己以宽"。

孟子身上存在的问题是没做到礼尚往来，对妻子提出了明显不对等的要求，这是造成他内心气愤的原因，也是引发夫妻关系产生危机的根本。当然，孟子夫妻关系最终得以维护还是得益于孟母教导儿子要"礼尚往来"——对方有错，你的问题更大，如此一来你又有什么可愤怒的呢？孟母正是基于礼尚往来的原则提醒儿子，不能只用礼要求妻子，还要用礼要求自己，这样关系才得以平衡，礼才能真正达到维护关系的作用。

综上可见，礼尚往来要在人际关系中发挥维护关系的作用，一方面，要做到以礼对礼，即对方以礼对我，我也以礼相待，这样双方的关系才得以平衡，双方才能平等相处和沟通，不存在哪一方居高临下，哪一方感到被俯视或被轻视的情况。另一方面，就是以"无礼"对"无礼"，如果对方对人粗野无礼，那么我们就要客观分析对方的表现，不要用细腻、严格的要求来审视对方的行为，而是用开放的心态对待，本着"和为贵"的态度，也不妨采用粗放一些的态度对待对方，如此一来，就可以营造出双方都能接受的沟通环境和氛围，促成平等关系的形成。

三、提升心智

贫贱而知好礼，则志不慑。

贫穷困顿、地位卑下的人如果懂得礼、崇尚礼，那么他们的志向、气节就不会被环境所威慑和击垮。

这是出自《礼记·曲礼上》中的一句话，它强调了礼之于提升人的心智的重要作用——礼能让人意志坚定，让人对事物有清楚的认知，进而行事果断，不会屈服于外来的压迫。

礼为什么会对人的心智产生如此重要的作用呢？这要从礼的内涵及其对人的教化作用来理解。

首先，在前文中我们说过，"礼"作为一个汉字，其字义的发展过程就体现了人们对礼的认知。最早是敬神，后发展为敬人，最后才成为通用的表达敬意的词汇。现在，人们依据一个人的言行评判其是否懂礼，是否有素养，于是礼就含有道德教育的成分，知礼、懂礼就成为道德教化的结果。

其次，从礼在人类社会中的作用来看，它的确发挥着道德教化的作用。荀子曾说："故学至乎礼而止矣，夫是之谓道德之极。"意思是一个人学了礼，并按照它的要求去做，就具备了最高的道德。这说明，礼和道德修养关系密切，礼可以提升一个人的道德修养。这些修养是在学习过程中形成的，是个体认知提升的结果。我们可以用一个简单的例子来说明礼与心智的关系。

在西方《圣经》故事中，亚当和夏娃原生活在伊甸园中，他们懵懂无知，赤身裸体，全然不知道何为男女，更不知何为羞耻。他们每天光着身子在园子里奔跑嬉戏，沐浴着阳光，吃着野果，无忧无虑。某一天，他们发现园子中间那棵分辨善恶的树的果子长得格外诱人。忍了再忍，最终忍无可忍，夏娃在蛇的诱惑下首先摘了一颗禁果，吃了下去。后又本着有福共享的心态，也给亚当摘了一颗吃。果子一下肚，他们突然意识到光着身子是一件极其丢人的事情，于是产生了羞耻感，便寻找树叶为自己遮挡身体。

看，亚当和夏娃的羞耻感的产生，就在于他们认知的提升，也就是礼的意识的产生。在此之前，他们是全然不清楚羞耻是什么东西的，更不会用树叶为自己遮羞。从知羞耻开始，他们的心智提升了，开始知礼懂礼了。同样，我们的老祖宗更是早早就意识到礼之于提升人的心智的重要作用，于是为我们留下了"三礼"等许多专门记载礼仪的著作，一些历史典籍中也有相当多的关于礼仪的记载。当个体生活在这样一个重视礼仪的社会时，为了适应社会的需要，就要不断学习相应的礼仪，提升自己的认知。

【事例】

宋濂知礼懂礼，成就人生

元末明初的宋濂，出身贫寒，却能博览群书，最终成为著名的政治家、文学家、史学家、思想家，关键的原因就在于他知礼，为人处世能做到礼尚往来。这一点，从他借书、求学过程中的举动就可以看出来。

宋濂生活的时代，以宋濂的家庭条件来说，他无法获得足够多的书来阅读。于是宋濂就想到了一个好办法——向家境好的人借书读。

为了让人同意借书给他，宋濂每次登门时都非常守礼，表明自己的诚意，博得对方的好感。在借书的同时，宋濂会与对方约定好还书期限，且按时还书，从不违约。这样一来，对方就因为欣赏他的品性，很愿意借书给他，他也因此得以阅读更多的书籍。

一次，宋濂借到一本好书，越读越爱不释手，于是便想把它抄下来。但是，他与人约定的还书期限马上就要到了，为了不逾期，宋濂决定连夜抄书。当时正值隆冬腊月，夜里非常冷，宋濂的手都冻僵了，却还是不肯停笔。母亲见他如此，心疼地劝他等第二天天气暖和一点再抄，反正对方也不急着看这本书，晚一两天还回去也没关系。

宋濂却摇摇头说，不管别人是不是急着看，到了约定期限自己都要把书还回去，这是信用问题，也是知礼守礼的表现。如果自己不讲信用，以后别人还怎么愿意借书给他看呢？母亲见他心意已决，便不再多言。就这样，宋濂连夜把书抄完，赶在约定时间内把书还了回去。

后来，宋濂渐渐长大，读的书也越来越多，因为有些道理他无法自己参透，就选择去远方请教一位名师。在出发前，他已和对方约好了见面日期。没想到的是，到了出发那天，鹅毛大雪纷纷扬扬地下了起来。但宋濂并没有因为天气的恶劣而取消约定，而是换上自己最厚的衣服，收拾好行装准备出发。看到外面的天气如此恶劣，母亲担心天寒路滑，而且宋濂只穿一件旧棉衣，怎么能抵挡得住深山里的严寒呢？于是劝他等天气好转了再去求教。宋濂却坚持立刻出发，不想错过见面日期，失信于老师。所以，不管风雪多大，他还是出门了。就这样，宋濂迈着坚定的步伐冒着大雪向老师家走去。等他到达老师家门前时，整个人都要冻僵了。老师看到他的样子，深深地为他的诚心所感动，不但倾囊相授，而且还断言他以后肯定有出息。

事实也的确如这位名师所料，宋濂不但在文学上取得很高的成就，与高启、刘基并称为"明初诗文三大家"，而且在仕途上也不断升迁，曾为太子讲经，被明太祖朱元璋誉为"开国文臣之首"。

【评析】

上面的故事来源于宋濂创作的一篇文章——《送东阳马生序》。从这篇文章可以看出，宋濂幼时贫寒的家境的确给他的求学之路造成了很多困难，但由于他为人知礼，与人相处注意守礼，能够做到礼尚往来，因此得以在学习过程中得到他人的帮助，最终走上人生巅峰。具体来说，礼尚往来在宋濂的成功之路上发挥如下作用：

首先，礼尚往来解决了宋濂的"书荒"问题。

诚如上文所言，宋濂知礼守礼，借他人的书不但按约及时归还，还能对借书之人表达真诚的感谢。试想，家中拥有诸多书籍的人家，必定也是知礼懂礼之人，面对着一个如此聪慧且好学知礼的少年，怎么能不生欣赏和喜爱之情呢？由此，宋濂借书之途必定要顺利得多。且因为他读的书越多，知的礼就越多，与人相处时无论是言谈还是举止就更显礼，也就更能获得他人的欣赏，当然也就得到了更多借书的机会。

其次，礼尚往来让宋濂得到了名师的指点。

从故事中可以看到，宋濂的知礼不只体现在还书守时，与人约守时，还体现在对老师的尊重上。能让好学的宋濂请教的老师必定也是学富五车的，必定也是知礼懂礼之人。宋濂能不因天气恶劣而及时赴约，充分表达了对老师的尊重，这一举动又怎么能不让老师感动呢？面对这样的学生，老师必定会倾囊相授、厚爱有加地给予指点。就这样，宋濂因为自己的守礼，获得了对方礼尚往来的回报。

综上所述，宋濂的知礼守礼，让他获得了良好的人际关系，得到了更多学习的机会。而这些学习机会让他得以不断学习，持续提升心智，进而更加了解礼节之于人际关系的重要性，也让他更加知道只有自己做足礼数才能得到他人的赏识，才能与他人建立良好的人际关系。这种心智的提升，也为他日后的发展打下了扎实的基础。后来，宋濂累官至学士承旨知制诰，当时朝廷礼仪的制定也大多出自他手，可见知礼懂礼对于个人的成长是多么重要。

四、培养品格

【原典】

富贵而知好礼，则不骄不淫。

【简译】

富贵的人知礼仪、好礼仪，就可以做到不骄傲、不放纵。

【评议】

这句话出自《礼记·曲礼上》，指出地位显贵的人在人际交往过程中知礼守礼的好处，即能够培养美好的品格，可以做到不骄傲、不放荡，这样一来，根据礼尚往来的原则，他也必然能得到他人的敬重。

不同于出身贫寒之人，那些天生含着金钥匙出生的人，一出生就拥有了大量的资源和财富，在人际交往中很容易得意忘形，不能以礼要求自己，不能对自己的行为加以约束，做不到与人交往上的礼尚往来，也就很容易放纵自己，进而让自己误入歧途而不自知，在他人的虚情假意中迷失自己，最终身败名裂。

商朝的末代君主商纣王属于"帝二代"，他原本拥有丰富的资源：外有能臣干将守备，自己本身聪颖过人，武力惊人，但最终却因为没能掌握礼尚往来的人际交往技能——对能臣不以礼相待，轻则言语轻慢，重则酷刑加身；对百姓不以礼相待，刑法严苛，付出与所获严重失衡；对奸臣不能清醒认知，反而礼遇有加——最终国破身亡。

所以，当我们天生就拥有丰富的资源时，更要谨言慎行，提升自己的修养和素质，时刻提醒自己知礼守礼，遵守礼尚往来的原则，特别是在与人交往的时候，不能端着架子，一副高高在上的样子，而要多换位思考，体谅周围人的难处，做事得饶人处且饶人。只有这样，别人才会以礼相还，发自内心地尊敬你、崇拜你，愿意与你共事。

【事例】

张英以礼相让，成就佳话

清代名臣、文学家张英，是清朝第一个以词臣身份住进紫禁城的人。他在朝为官数十载，历任工部尚书、礼部尚书，官至文华殿大学士，深得康熙皇帝的信任。

张英虽然位高权重，但是为人忠厚廉洁、谦和礼让，被家乡安徽桐城的百姓亲切地称为"老宰相"。据说，张英不仅自己待人平和，而且要求老家的家人也要与人友好相处，注重礼尚往来。关于这一点，最有名的是"六尺巷"的故事了。

当初，张家和当地望族吴家毗邻而居，两家的宅院紧紧相连，只留一块极小的空地，方便两家人在此交互通行，可谓鸡犬相闻。有一年，吴家想重修老宅，扩大居住面积，改善居住环境，但宅基地就那么大，怎么办呢？几经思索，吴家人就打起了两家之间的那块空地的主意，于是在开工建房时趁机将宅基地向张家这边扩了扩。或许在吴家人看来，张家家大业大，不会在意这一点儿地。然而没想到，在涉及宅基地这种大事上，张家人同样观察细微，寸土必争，在查明真相后找上吴家，要和吴家人理论一番。结果双方谁也说服不了谁，争执不休，最后闹到了对簿公堂的地步。张家和吴家都是当地的名门望族，县官谁也不敢轻易得罪。加之审案过程中，双方各执一词，一时间难以决断。张家人见明明是自家占理的事情，县官竟然用上了"拖字诀"，真是是可忍，孰不可忍，于是就给身居高位的张英写了一封信，想让他给县官施压，尽快把问题解决了。

远在京城的张英收到家书后颇为惊讶，还以为老家发生了什么大事，打开一看，原来只是为了一场小小的占地纠纷，不禁有些哭笑不得，聪明如他，一下子就猜到了家人来信的目的，肯定是要借自己的名打压邻居。对此，张英十分不赞成，他觉得邻里之间应该互相谦让，和睦相处，自己的家人为了争夺这点土地而与邻居打官司的行为实在不可取。经过一番思索，张英提笔给家人写了一封回信，把自己的意见清清楚楚地告诉了家人。他还在信中写了这样一首诗："千里修书只为墙，让他三尺又何妨。万里长城今犹在，不见当年秦始皇。"意在劝诫家人以礼待人，不要仗着家里有人身居高位就得意忘形。与邻里相处应该以和为贵，不要过于计较利益得失。

　　虽然这首诗不足三十字，却意味深长，不仅表明自己与人交往的准则，而且为家人敲响了警钟。

　　张家人在收到张英的回信，明白了他的良苦用心后，反思了自己的行为，觉得为了争夺这么点空地与吴家撕破脸面乃至闹上公堂确实有损自家的声誉，于是张家人不仅主动撤诉，还让出了三尺空地。吴家人看到后，特别感动，后悔之前的所作所为，为了修补和张家的关系，也将院墙挪让了三尺。就这样，由于张英的一纸书信，张家和吴家之间空出了一条见证两家礼尚往来的六尺宽的巷道。这条巷道因此被乡人称为"六尺巷"，其来历至今仍是千古美谈。

【评析】

　　故事中张英官居要职，是名副其实的富贵之人，但他在家人遇到纠纷时，却不偏袒，秉持礼尚往来的准则，用自己高尚的品格感化家人，最终将一场闹剧化于无形，使张家和吴家的关系恢复如初。

　　在这件事中，人与人之间的礼尚往来主要表现在两个方面：

　　一是家人之间的礼尚往来。

　　张英身为文华殿大学士，可谓日理万机，但是收到家书后，没有将其搁置在一旁，而是立刻打开，认真地看完了里面的内容。由此可见，张英的地位虽高高在上，却并没有忘本，对待老家的人和事始终关爱有加，知礼守礼，平易近人。而他的这种"礼"，也让家人礼尚往来，自愿采纳他的意见，从而促成一家人和谐相处。

二是解决问题时强调礼尚往来。

张英在了解到老家的家人与吴家人矛盾的始末后，并不赞成家人的想法和做法，即没有利用自己的身份让家人在诉讼中获胜。他深知以权压人并不是解决问题的良策，让家人心甘情愿地退让，让两家和睦相处才是根本。于是他没有仗势欺人，而是劝说自己的家人。有了他做榜样，家人和邻居又怎能不自觉守礼呢？结果就有了吴家人有感于张家人的"礼让三尺"，也主动让出了三尺，从而留下了"六尺巷"的故事。

事实证明，不同的处事态度会产生不同的结果：张家人的"争"换来的是两家人对簿公堂，差点成了仇人；张英的"让"则换来了两家人的相互谦让，以及邻里关系的和睦。

据此我们不难得出这样一个结论：富贵之人知礼守礼，不仅能够使自己保持良好的口碑，还能将冲突化于无形，有利于人际关系的改善。所以，如果你此时拥有丰富的资源，一定要待人以礼，这样一来，别人才会对你以礼相还。

五、惠人惠己

自卑而尊人。

对自己卑谦，而尊重他人。

这句话出自《礼记·曲礼上》，点明了礼的本质，即放低自己的位置，谦恭待人，懂得尊重他人。这样一来，别人感受到了你对他的尊重，自然会对你以礼相待。

人际交往是一种动态和静态相结合的过程。所谓动态，是指人与人之间物质和非物质的相互来往；所谓静态，是指人与人之间在动态的来往过程中形成的情感联系。正是在这种动与静的结合中，交往双方均能获得良好的情感体验，从而让这种交往扩展和延续下去。

如何在人际交往中让双方均获得这样的美好体验呢？《道德经》给了我们答案，即"将欲夺之，必固与之"，意思是说，想要从别人那里得到什么，必须先给予对方什么。换句话说，就是要在体察对方需求的前提下，适时谦让，才能达到我们想要“取之”的目的。

无论是物质贫乏时期，还是当今物质高度发达的时代，什么东西是人人都想要的呢？心理学家马斯洛在需求层次理论中指出：尊重需求是仅次于自我实现需求的第四层需求。人与人相处，尤其是初次见面的陌生人，最重要的是给予对方尊重。当我们给予他人尊重时，他人方能以尊重回馈我们，使双方形成投桃报李的良好关系。

“自卑而尊人”这句话，形象地道出了在人际交往中礼尚往来所能达到的惠人惠己的效果。如果我们在与他人交往时，能保持谦卑的态度，尊重他人，给予他人应有的礼遇，他人就会因为自身的心理需求得到满足而对我们产生知礼守礼的印象，进而愿意与我们保持友好的关系，甚至想加深对我们的了解，这就为后面更深入的交往和互惠合作打下了基础。相反，倘若我们在人际交往中摆出一副高高在上的姿态，将他人看低，甚至目空一切，唯我独尊，自然很难交到朋友，即便能交到朋友，也是些见利忘义、目的不纯之徒。

人际交往中，你对待他人的态度决定了他人对待你的态度。无论双方后续来往如何，与人交往，首先自己要做到“自卑而尊人”，要能放低姿态，用谦卑的态度表现诚意，这是一项礼尚往来的原则。从表面上看，这样做好像将交往的主动权交给了对方，其实不然。这样的姿态恰恰体现了“以退为进”的智慧。正所谓“你若盛开，清风自来”，当我们在人际交往中做好自己该做的事，对方自然会投桃报李地予以回馈。

【事例】

刘备三顾茅庐惠人惠己

东汉末年，天下大乱，群雄并起。曹操坐拥朝廷，孙权拥兵东吴，刘备想与二人抗衡，奈何没有高明的谋士为他出谋划策，只能在交战中一次又一次落败。直到刘备将诸葛亮从隆中请出来协助自己，才扭转了这一不利局面。而诸葛亮之所以愿意出山辅佐刘备，与刘备的礼贤下士是分不开的。

当时，刘备求贤若渴，他的手下徐庶和司马徽便向他举荐人称"卧龙"的诸葛亮。诸葛亮上知天文，下知地理，博学多才，却在隆中卧龙岗隐居不出。刘备得知这一消息后，立刻收拾行囊，带着自己的两个结拜弟弟——关羽和张飞，前往隆中请诸葛亮出山。为了达成所愿，刘备先后三次去草庐拜访诸葛亮。

第一次登门拜访时，刘、关、张三人才刚刚赶到隆中，来不及歇息，就直奔诸葛亮的草庐而去。不料，诸葛亮外出未归，三人被门童拦在门外，连屋都没进去。刘备问门童，诸葛亮什么时候回来，门童摇头说自己也不知道，并说先生从不透露自己的行踪。无奈之下，刘备只得失望地带着关羽和张飞离开了。

过了不久，刘备和关羽、张飞第二次前往草庐拜访诸葛亮。这一次天气十分恶劣，风雪交加，刘备心想这样的日子诸葛亮总该在家了吧。谁知，门童又告诉他们诸葛亮出去闲游了，不知何时才会回来。这下，暴脾气的张飞爆发了，他觉得诸葛亮在戏耍他们，于是催着刘备回去。刘备闻言却没有表露出任何不耐烦，始终保持谦卑的姿态，先出言安抚了张飞，接着拿出一封信让门童转交给诸葛亮。刘备在信中表达了自己对诸葛亮的敬仰，并诚恳地请求他出山帮自己出谋划策，以兴复汉室，成就大业。

又过了一些时候，眼看快到新年了，刘备选了个好日子，准备第三次去草庐拜访诸葛亮。这下连关羽都有意见了，说诸葛亮一直对他们避而不见，可能是因为心虚，或许诸葛亮并没有什么真才实学，只是一个欺世盗名之徒。张飞听了连连点头，也劝刘备不要去了，还说如果刘备非要见诸葛亮，自己可以去帮他把诸葛亮绑来。刘备听了他们这番无礼的话，先把张飞训斥了一番，又劝说他们和自己一起前去拜访诸葛亮。

幸运的是，这一次诸葛亮并没有外出，不过他正在午睡。刘备不敢惊动他，便一直恭敬地在门外默默地站着。诸葛亮一直睡到过了晌午才醒来，见到屋外等待多时的刘备等人，连忙将他们请进屋里。至此，双方终于第一次正式见面。

其实，诸葛亮早就从门童口中知道了刘备前来拜访之事，他前两次之所以没有露面，正是因为想考验一下刘备的气度。如今，他见刘备态度谦卑，诚意满满，即使两次失望而归，也没有放弃，更没有心怀怨怼，而是一直保持低姿态，不禁有所触动，认为对方是一个值得辅佐的人。于是，诸葛亮不再隐藏实力，双方见过礼之后，他就滔滔不绝地说起天下形势，将各方势力的情况分析得明明白白，最后还向刘备提出了联孙抗曹的计策。

听完诸葛亮的分析，刘备便被他的才华深深折服，于是退后一步，行了一个大礼，恳请诸葛亮出山做自己的军师，帮助自己争夺天下。诸葛亮见他如此举动，心中非常满意，于是顺势答应了他的请求。

自此，诸葛亮便成了刘备亲密无间的帮手，一步步辅佐刘备建立蜀汉政权，与孙权、曹操形成了三足鼎立之势。最终，二人相互成就，一个成为明君，一个成为名臣，名垂青史。

【评析】

上面的故事是《三国演义》一书中非常著名的故事。当时势单力薄的刘备，后来之所以能建立蜀汉政权，在很大程度上是因为当初"自卑而尊人"的态度请出诸葛亮。刘备是怎样一步一步以礼动人，用真诚感化诸葛亮的呢？

第一步：留书显礼。

作为当时也算是知名人物的刘备，竟然主动去拜访一个山野草民，而不是让人将其请来，而且在连续两次去草庐拜访无功而返后，不仅不恼羞成怒，还利用书信这一媒介，将自己的诚意传达给对方。这一举动，一方面，体现了自己对对方的重视，给对方留下了一个好印象；另一方面，也将自己的真诚传递给对方，赢得了对方的好感。

第二步：言谈重礼。

刘备第二次去草庐拜访诸葛亮时，特意选择了一个风雪交加的日子，原以为天气不好，对方不会外出，哪知对方依然没在家。与刘备同行的张飞都忍不住发起了牢骚，但刘备没有表露出任何不耐烦，而且还安抚张飞。两相对比，刘备的言谈更显谦卑，让人感受到他的知礼守礼。

第三步：行为传礼。

刘备第三次去草庐拜访诸葛亮时，对方虽然在家，却正在午睡。刘备没有仗着自己的身份要求门童唤醒诸葛亮，而是恭敬地在门外等候。这一举动完美地体现了他"自卑而尊人"的守礼态度，也彻底感动了诸葛亮。

综上所述，刘备在请诸葛亮出山的过程中，始终将自己放在比较低的位置，给予了对方足够的尊重，因而得到了对方的认可，对方也因此接受了他，并互相成就。可见在人际交往的过程中，特别是在有求于人的时候，最好像刘备一样，保持谦卑的态度，表现出自己的诚意，才能让对方觉得你是一个知礼守礼的人，从而愿意帮助你，最终形成惠人惠己的双赢局面。

第二章

措辞讲「礼」

　　良好人际关系形成的前提是双方都能心怀诚心和敬意，都能待人以礼、待人以诚、待人以敬。语言作为一个人道德情操、文化素养的反映，可以直接反映个体是否知礼懂礼，是否能在与人相处中做到礼尚往来。因此要促成良好的人际关系的形成，不但要心中存礼，还要言中显礼，借助于有声的语言或无声的语言，向对方传情达意，促成礼尚往来的人际关系的形成。

善人者，人亦善之

六、谨言

未见颜色而言谓之"瞽"。

【简译】

不看对方的脸色而贸然说话，这叫作睁眼瞎。

【评议】

这句话出自《论语·季氏篇》，这是孔子指出的人际交往中说话的艺术，即说话前先观察对方的神情，再决定是否开口说话。要做到谨言慎行，而不能信口开河。

孔子认为，真正通达人情的人是特别擅长说话的人。他们在说话时，揣摩他人的言语，观察他人的脸色，以避免自己说话不到位，说不该说的话，甚至说错话。

提到四大美女之一的西施，相信很多人都知道；但提到"无盐君"钟离春，可能知道的人就不多了。这是一个没有迷人外貌却极其善于察言观色的智慧女子。一天，已年过四十、流离失所的钟离春来到了齐国临淄。在路上，她看到老百姓拖家带口逃亡，听到他们议论战火不断蔓延，保不齐哪一天就烧到临淄，看到为达官显贵送宝物的马车在路上奔走，听到赶车的人说这都是为齐王搜集的。进入临淄城后，她看到皇宫已经相当巍峨高大但还在不断地扩建，看到有人因为谄媚之言获得了齐王的奖赏而笑逐颜开，听到有的大臣叹息齐王拒不纳谏。这些所见所闻让她感慨良多，担心终有一天敌临临淄城下，百姓流离失所，于是就主动求见齐宣王，说她倾慕大王的美德，愿意听从其差遣。齐宣王看她相貌丑陋，不把她放在眼里。钟离春却郑重其事地对齐宣王说如今齐国的处境太危险了。齐宣王大惊，让她说说原因，钟离春抬眼四顾，然后咬牙切齿地挥手抚膝。周围的人都不明白，她说道："我抬眼看到四周全是烽火。自从孙膑对魏国作战以来，大王你太自傲了，以至于忘记了秦兵没多久就一定会从函谷关杀出。我之所以咬牙切齿，是想替您说出采纳谏言之语，为的是不阻绝忠臣进谏之路。现在各位大臣多次进谏您却不采纳，这样下去齐国必定会灭亡。我之所以挥手，是想代替大王铲除奸佞；我之所以抚膝是想代替大王拆除这些奢靡的亭台。大王，没有深谋远虑，齐国是不可能强大的，百姓是不可能得到安宁的。我这个丑女就把话说到这里吧，如果有得罪大王的地方，我愿意以死向天下谢罪。"结果齐王被她的话打动，将她立为王后，并在她的指导下，任用贤良，励精图治，让齐国发展成了强盛的"千乘之国"。

在这个故事中，钟离春就是一个极其善于观察的聪慧女性。她基于一路所见，一路耳闻，加之自己的思考，才说出了上述这番话。而这番话之所以能打动齐宣王，就在于她言之有理。这正说明要做到言之有理，讲话前一定要做好功课，其中最重要的就是注意察言观色。

一个说话前不去观察周围人神色的人，说好听点儿叫作直率，说难听点儿叫冒傻气。这是因为，与人沟通时观察对方的神色，利于发现对方目前的心理状态。当我们说话时，对方笑了，那么代表我们的话说到了对方的心坎上，因此令对方感到愉悦；倘若对方在笑了的同时，辅以频频的点头，那就证明对方与我们的观点或感想相同；倘若对方在笑的同时，频频摇头，那或许说明对方并不赞同我们的观点或说法……

总之，说话是一门艺术，要让自己说话严谨，让别人挑不出毛病，是一门高超的技术。这需要我们在说话前要根据说话的目的、说话的对象斟酌措辞，得体用语，更需要我们在与人说话时察言观色，随时留意对方的神情，并据此调整说话的内容和方式，进而有礼有节地表达个人观点，在礼尚往来中达到沟通目的。

【事例】

石氏父子谨言获帝心

西汉时有一对父子，因为说话谨慎知礼，深得帝心，因此得以官运通达，一生富贵。这对父子就是石奋和石庆。

石奋最初只是河内郡的一名小官。当初，汉高祖刘邦率军攻打项羽，途经河内郡，石奋从而得到贴身伺候的机会。因为他说话做事相当谨慎知礼，所以汉高祖闲来无事就喜欢和他聊天。某一天，汉高祖问他："若何有？"意思是你家里还有什么人？石奋恭敬地回答："奋独有母，不幸失明。家贫。有姊，能鼓琴。"意思就是说家中有一个母亲，但是因为当初家里穷，患了眼疾后没钱治就失明了。还有一个姐姐，擅长弹琴。汉高祖就问他愿意跟随在自己的身边吗，石奋连忙表示愿意尽力效劳。很快，汉高祖就将他的姐姐召入宫中做了美人，同时将十五岁的石奋提升为中涓，负责受理大臣进献的文书和谒见之事，石奋的家人也随之迁徙到长安的中戚里。

石庆是石奋的小儿子，平日里说话做事相当小心谨慎。他在担任太仆一职时，一次皇帝问他驾车的马有几匹，石庆先用马鞭一一点数马匹，然后才举手示意回答说"六匹"。武帝元鼎五年（前112年）秋天，石庆从御史大夫一职升任丞相，封为牧丘侯。当时因为正值多事之时，国家财政发生困难，桑弘羊等人受皇帝之命，实行改革增加国家财政收入，王温舒等实行苛峻的法律，兒宽等推尊儒学，石庆这位名义上的丞相无法决定朝中的大事，只好凭着自己的忠厚谨慎做事。汉武帝元封四年（前107年），关东出现大量的流民，一些公卿大臣为了杜绝百姓随意迁移，就谏言皇帝把流民迁到边疆去。皇帝大怒，查办了御史大夫以下提出这种请谏的官吏，以石庆年老谨慎不可能参与此事为由让他请假回家。石庆上书皇帝说："庆幸得待罪丞相，罢驽无以辅治，城郭仓廪空虚，民多流亡，罪当伏斧质，上不忍致法。愿归丞相侯印，乞骸骨归，避贤者路。"意思是自己承蒙宠幸得以位居丞相，却才能低劣无法辅佐陛下治理国家，进而导致城郊仓库空虚，百姓多流离失所，实在是罪该处死，现在皇帝不忍心依法处治他，那么他愿意归还丞相和侯爵的印信，告老还乡，把相位让给贤能的人。皇帝以一切既成事实，石庆就算辞去丞相之职也无济于事为由，下诏书对他进行责备，并令他继续处理政事。此后，石庆仍旧保持自己思虑细密的处事风格和审慎拘谨的做事态度，虽然没能提出什么高明的见解，也没有替百姓说话的表现，但是在丞相之位上平稳地过了三年多，最终于太初二年（前103年）去世。

【评析】

上面的故事出自司马迁所作的《史记·万石张叔列传》。阅读关于石氏父子的事迹，可以看出正是由于在与人沟通时注意措辞严谨，说话知礼，这对父子才得以在礼尚往来中获益。

从石奋的故事可以看到，汉高祖刘邦之所以特别喜欢和他闲聊，就是因为"爱其恭敬"，简单地说就是与人说话时态度恭敬。这种态度的恭敬，从他在回答汉高祖的问题时就可以看到。针对汉高祖问"若何有"，石奋回答"奋独有母，不幸失明。家贫。有姊，能鼓琴"，简单的一句话不但表达了知无不言、言无不尽的恭敬，而且巧妙地将家中的人口及相关情况进行了具体介绍，如母亲是盲人，不会给儿子扯后腿；姐姐多才多艺，可以为皇上分忧一二。这些不足对外人道的家中隐私，石奋却相当坦率地回答，不用多问就全盘告知，就是因为在平时的伺候中，他借助于察言观色，清楚这位九五之尊问话背后的目的，于是就当说的一定要说，不能说的多一个字儿也不能说。由此他的坦率获得了汉高祖的赞许，汉高祖礼尚往来地表达了对他的认可，"召其姊为美人，以奋为中涓，受书谒，徙其家长安中戚里"。

石庆将父亲石奋对沟通对象的心理的把握、言语的谨慎发挥到了大道无形的程度。在回答皇帝关于驾车的马有几匹这个问题时，石庆作为驾车人，怎么可能不知道呢？但他"以策数马毕，举手曰：'六马'"，先一匹一匹数一遍，再举手回以"六马"二字。回答问题时态度的恭谨、守礼在一举一动和简洁的语言中充分表现出来。再来看面对皇帝看似保护、实则罢官的处罚，他又是怎么借助于谨慎的语言有礼有节地挽回自己和皇帝的颜面的呢？"庆幸得待罪丞相，罢驽无以辅治，城郭仓廪空虚，民多流亡，罪当伏斧质，上不忍致法。愿归丞相侯印，乞骸骨归，避贤者路。"这段话措辞严谨，内容丰富：一是承认自己无能、失职，表达对皇帝的不罚的感恩之情；二是知情识趣，以退为进，表达自己不让皇帝为难，主动让贤的诚意。这样一个知情识趣的臣子，皇帝当然礼尚往来："仓廪既空，民贫流亡，而君欲请徙之，摇荡不安，动危之，而辞位，君欲安归难乎？"表面上一顿狠批，责问他竟然要辞职逃避责任，实际上却让石庆在原职位上继续工作。这就是不但变相地让他保留原职，而且还将此前被架空后失去的权力还给了他。

总之，从石奋、石庆父子在与皇帝的对话中可以看到，人际交往中倘若能依据沟通对象的身份、说话的目的，谨慎措辞，斟酌回答，给予对方相应的尊重，照顾到对方的感受，就会因为知情识趣获得对方礼尚往来的尊重与回报，从而促成沟通目的的达成。

七、谦和

【原典】

孔子于乡党，恂恂如也，似不能言者。

【简译】

孔子在乡里之间，非常恭谨温和，好像不太会说话的样子。

【评议】

这句话出自著名的《论语·乡党篇》，后面的一句是"其在宗庙朝廷，便便言，唯谨尔"，两句话连起来的意思是说，孔子在乡里，非常恭敬温和，好像不太会说话，而在宗庙、朝廷上，说话却清楚、明白、流畅，只是说话很谨慎。这两句话，借孔子在不同场合的表现，告诉我们，无论在什么场合与人沟通，都要言语谦和。

作为儒家学派的创始人，孔子先后培养了三千余名弟子，开堂讲学，显然不是口舌木讷之人。他之所以像文中所写的那样，"于乡党，恂恂如也，似不能言者"，在家乡与人交流时恭谨谦顺，表现得仿佛不太会说话的样子，是因为当他在乡里时，接触的人都是没读过什么书、大字也不识几个的乡野村夫。如果在这些人面前高谈阔论，来彰显"优越感"，会显得过于骄傲自大，时间一长，自然没什么人愿意再和他交谈了。这样的情况对在朝为官的孔子而言，显然不利于他体察民情、收集民意。因此，他就用谦和的说话态度，多听少说的方式，拉近与百姓之间的距离，让乡亲们觉得他平易近人，以便获得最为真实的意见。

事实上，说话谦和不仅仅体现了对他人的尊重，同时也是对自己的尊重，可以让自己在与人交流时注意"留白"，不把话说得太满，避免陷入进退两难的尴尬局面，进而失去应得的尊重。

《飘》的作者玛格丽特·米切尔曾经在一次聚会上遇到一位匈牙利的年轻作家。由于玛格丽特打扮简朴，又少言寡语，这位年轻作家就理所当然地认为她是位名不见经传的小作者，于是态度倨傲地夸耀起自己已经出版的多部小说。夸耀结束，他才询问玛格丽特出版过多少本小说，玛格丽特平静地回答道："一部。"听到这个回答，年轻作家的内心充满不屑，但他还是客气地问小说的名字，玛格丽特淡然地说："《飘》。"此话一出，刚刚还大言不惭的年轻作家顿时目瞪口呆，面红耳赤。

总之，作为一种说话方式，说话谦和体现的是一个人对他人的尊重，可以帮助一个人树立知礼守矩的社交形象。无论是从利己的角度，还是从利他的角度看，一个人在说话时如能做到既态度谦虚、恭敬地听他人的表达，又能措辞简洁、谦虚地阐述表达个人观点，就可以用自己良好的说话礼仪获得他人的信任与尊重。

【事例】

许攸因言遭诛

三国时期的许攸是曹操麾下的一名谋士，此人算是历史上因言语不逊而招致恶果的典型。

许攸早年与曹操、袁绍等人交好。中平六年（189年）时，他从董卓处叛逃，投奔袁绍，成了袁绍麾下的一位谋士。建安四年（199年），袁绍灭公孙瓒，兼并幽州，势力也随之壮大，史书载，其"拥众数十万"。建安五年（200年），袁绍和曹操这两位昔日好友终于因为争夺地盘而兵戎相见。在交战之前，许攸对袁绍建议道："曹操那边兵马较少，他要是用大部队来抵抗我军的进攻，必然只能留下很少的人来守卫他的根据地许都，那里的防备一定非常空虚。因此我们不需要和曹操直接交战，只需要在战场上与他对峙，再派一支部队轻装简行，连夜奔袭，就能够攻下许都，迎接天子。等到将天子迎回之后，我们便可以打着奉天子之命的旗号去讨伐曹操，失去根据地的曹军必然会不攻自破。"

许攸认为自己的计策万无一失，没想到袁绍听后却没有同意，坚持要先捉住曹操。许攸十分生气，认为袁绍有眼无珠，看不到自己的才华。官渡之战开始后，许攸的家人由于行为放肆，触犯了法律，被留守在邺城的谋士审配逮捕。许攸知道后勃然大怒，索性背叛袁绍，投奔了曹操。

对于许攸的到来，曹操当然是非常高兴的。据《曹瞒传》载，曹操在听说许攸来访之后，高兴得连鞋都来不及穿，就光着脚出来迎接，还拍手大笑道："子远（许攸的字）来了，我的大事就成了！"之后他请许攸入座详谈。许攸问曹操说："你们的军粮还能够支撑多久？"曹操答道："军粮只够这个月的了。"于是许攸对曹操建议道："我有一计，虽然你的军队现在缺乏援军和补给，情况危急，但是我知道袁军把大部分粮草都存放在了乌巢，而且那里防备松懈，如果你能派一支精兵奇袭乌巢，烧了他们的粮草，断了他们的补给，那么不出三天，袁绍的军队就会自己溃散！"

曹操听后，喜上眉梢，立刻派出一队精锐，假扮成袁军，连夜急行，到达乌巢后，曹军用随身携带的柴火点燃了放在城中的粮草，之后曹军势如破竹，连杀袁军数名将领和千余名士兵，最终攻陷了乌巢。

乌巢失守的消息传出之后，正进攻曹军营地的袁将张郃、高览投降，袁军阵脚大乱，被曹军一举攻破，袁绍仅携八百余骑狼狈逃回河北。之后，袁绍便一蹶不振，没过几年就因病去世了。之后，袁绍的儿子们为了争位而自相残杀，曹操坐收渔翁之利，没用几年便拿下了邺城，之后又占领了整个冀州。

许攸此人本就恃才傲物，邺城被占后，他自视功高，更是常常以轻慢的态度对待曹操。宴饮的时候，他经常当着曹操和众多将士的面，直呼曹操的小名："曹阿瞒啊，曹阿瞒啊，若是没有我，你能拿得下冀州？"曹操心思深沉，虽然表面笑嘻嘻地答应着，内心已经对许攸心怀芥蒂。

但许攸不仅不觉得自己言辞逾越，甚至还变本加厉。

一次，许攸经由邺城东门出行时，又对左右侍从吹嘘道："曹家人要不是因为我，哪能进得了邺城的城门！"许攸的这句话被有心之人告诉给了曹操，这更加深了曹操对许攸的怨恨。曹操生性多疑，而且"宁教我负天下人，休教天下人负我"，许攸几易其主的行为让曹操本就怀疑他的忠心，如今又口出狂言，曹操担心他会因功高盖主而生出异心，为了避免和袁绍一样遭到许攸的背叛，曹操索性以"恃旧不虔"的理由，将许攸诛杀了。

【评析】

从许攸的事例中我们可以看出，一个出言不逊的人会给自己招致多大的祸患。曹操作为一代枭雄，在大多数时候还是非常惜才的，许攸之所以落得如此下场，完全是因为他说话时欠缺最基本的礼仪，犯了人际交往中的三个大忌：

第一，许攸自认为与曹操是多年好友，为了显示和对方的亲密，经常在公开场合直呼曹操小名，曹操虽然面上没有表露不悦，实际上心里已经不爽到了极点。当着其他同事的面称呼上司的小名或绰号，在社交场合是极为冒犯的行为，就算曹操和他曾经是旧友，但在公开场合，对待曹操这个上司缺乏最基本的尊重，说明许攸目无尊卑，是无德之人。

第二，许攸经常夸耀自己的功劳，实际上是对曹操给他的待遇感到不满。他想要通过反复提醒，来道德绑架曹操，以此攫取更多的利益。许攸的欲壑难填，对于曹操这样一个心思敏锐、眼光长远的人来说，简直就像是心里长了一根刺，他非常清楚许攸不会轻易满足，他的胃口只会越来越大，等到自己无法满足他的那天，许攸就会像曾经对待袁绍那样对待自己。放这样一个人在身边，无异于在身边放了一颗定时炸弹，时时刻刻要担心被背叛，于是他只能采取眼不见心不烦的方式，将许攸可能带来的威胁彻底抹除。

许攸的第三个致命错误，就是他不仅当着曹操本人的面吹嘘自己，他甚至还在自己的侍从面前捧高踩低，这无疑是说话礼节中的大忌。或许许攸并没有取曹操而代之的想法，只是想夸耀一下自己的本领，然而当这件事传进曹操的耳朵里时，是否还是原来的意思，就不得而知了。对别人的负面评价，往往是说者无意，听者有心，若是碰上喜欢搬弄是非的小人，更是容易三人成虎，众口铄金。

总之，许攸的事例提醒我们，人际沟通时如果说话不够谦和，失礼于他人，不能给予他人相应的尊重，他人就会礼尚往来地给予相应的还击。因此注意言语谦和，让他人从我们的言语中感受到尊重，也是我们获得他人尊重的前提，更是在人际沟通中实现礼尚往来的重要前提。

八、清晰

【原典】

君子之言寡而实，小人之言多而虚。

【简译】

君子说话少而真实，小人说话多而虚假。

【评议】

这句话意在说明当碰到需要表达意见的场合时，应当注意用简洁的语言将自己的观点或想法清晰地表达出来，以便让听者能够轻松理解自己的意思，节省双方的时间和精力，提高沟通效率。换言之，这句话说明如果人际沟通中言语简洁且通俗易懂，可以表达我们对他人的尊重和理解，促成良好的人际沟通。

在平时的学习、生活和工作中，倘若你留意观察就会发现，针对同一个问题表述自己的观点或看法，有的人"妙语连珠"，简单的几句话、几个词不但可以让别人理解其观点，而且可以让听者从其幽默的语言中获得快乐，产生意犹未尽之感；有的人则"词不达意"，语言啰唆，说了很多，也说了很久，结果不但让听者一头雾水，抓不住其要表达的重点，而且感到索然无味，困意上头。

同样的观点，听者之所以有不同的反应，究其原因就在于说话者的表述语言不同。深入分析可以发现，除了语言表达能力的高低，关键还在于表述者能否依据沟通对象的年龄、身份、理解能力，设身处地为对方考虑，使自己的说话内容能利于对方理解。

所谓"君子之言寡而实，小人之言多而虚"，真正的君子在与人沟通前会做足功课，充分了解沟通对象的年龄、身份、职业、教育背景，以及双方的沟通内容和目标，理清自己的表达内容，选择通俗易懂且简洁的语言将其表达出来，方便对方听得明白、轻松、愉悦。这样体贴入微的做法，让对方在感受到被尊重和被理解的同时，也会本着礼尚往来的人际交往原则，给予相应的回报，促成沟通目标的达成。

【事例】

李密准确陈情，达成心意

公元263年，蜀国被魏国所灭，蜀帝刘禅成了魏国的安乐公。公元266年，司马炎代魏称帝，国号"晋"，都洛阳，史称"西晋"。公元267年，蜀国被灭已经四年，但蜀汉的民心一直没能被收服。一方面，由于晋武帝司马炎的皇位获得不是名正言顺，而是篡魏所得，所以遭到重视正统的本土士民的反感和抵触。另一方面，司马氏父子的心狠手辣让相当多的士人胆寒，其中司马昭杀害"竹林七贤"的领袖人物，更让士民反感和畏惧。为了瓦解蜀汉抵抗之心，为统一全国减少阻力，司马炎除了以怀柔之策对待曹氏和刘氏后人，还决定优待蜀国君臣，不计前嫌、量才录用。

这一年的正月，司马炎连下数道诏书，召李密赴任太子洗马（太子的侍从官）一职。地方官员也连连催促李密上任。可李密本人并不想接受这个官职。原因是他知道司马氏父子心狠手辣，连名士嵇康都被杀，自己效命于这样的君主，难免存在生命危险；同时，蜀亡之后就投身于西晋，不符合李密做人处事的准则，他不想招来天下人的耻笑。于是李密以一篇《陈情表》，拒绝了司马炎。

在《陈情表》中，李密先是用清晰的语言、深切的感情，追忆了祖母对自己的恩情，以及祖孙朝夕相处的点点滴滴，用词精准而生动，表达了对祖母的深情，继而提到了西晋"以孝治天下"的国策，强调自己侍奉祖母正是践行国策，表达了不能奉诏、辞官不就的要求。

晋武帝读完后，深受感动，不仅准许了李密的辞官要求，还特别赏给李密两名奴婢帮助他照顾祖母，并且命令郡县各级定期给他祖母供养。

【评析】

读过李密的《陈情表》的读者，应该都记得其中那些用词精确、表意精准、情真意切的语句，像"外无期功强近之亲，内无应门五尺之僮，茕茕孑立，形影相吊""日薄西山，气息奄奄，人命危浅，朝不虑夕"。这篇精彩的表文，正是借助于这些简洁而清晰的语句体现了李密的想法，达成了他的沟通目标。

首先，李密注意沟通对象的身份——晋武帝，因此用词恭谨，敬辞不断，如"臣密言"中的"臣"，"愿乞终养"中的"乞"，简洁的文字表达了对司马炎的恭敬之态；"听臣微志""庶刘侥幸"中的"微""庶"又是如此精准地表达了一种臣服的态度，以及放低身段的谦卑之态，可谓言简意丰。这对日理万机的皇帝来说，不仅读起来轻松，且能从中感受到了被尊重的快乐，又怎么好意思拒绝呢？

其次，他表达自己的意愿清晰而具体。在表文中，他用简洁的语言描述了祖母的情况不好，比如"祖母刘，愍臣孤弱""而刘夙婴疾病，常在床蓐，臣侍汤药，未曾废离"。这些语句清晰地说明老人家身体不行了，必须得有人侍奉，而自己是她最亲近的人，是她抚养大的，所以一定要陪伴和伺候。

最后，他给出请辞的理由清晰充分，令对方无法拒绝："伏惟圣朝以孝治天下，凡在故老，犹蒙矜育"，说明自己的举动是践行国家的号召；"今臣亡国贱俘，至微至陋，过蒙拔擢，宠命优渥，岂敢盘桓"，表明自己不过是"亡国贱俘"，不可能不识抬举，"岂敢盘桓"，而是实在是"报养刘之日短也"。

总之，这样的表文，晋武帝司马炎读来，就算是明知道李密是在找理由拒绝，也没办法发脾气。因为对方的态度很谦卑，理由很充分，如果拒绝，或者处罚，那不是让天下人耻笑，自己打自己的脸吗？所以晋武帝本着礼尚往来的原则，不但同意了，还为祖孙二人送奴仆，给了祖孙二人生活费。不得不说，李密简洁准确的沟通语言的确获得了"礼尚往来"的效果。

当然，李密这种清晰的语言表达能力并非天生具备，李密出生于诗书之家，小时候就特别好学，成年后跟随蜀中名士谯周学习，博览五经，为人机智敏锐，能言善辩，才思敏捷，文章词采斐然。祖母去世后，李密入仕，先是做了太子洗马，后来逐步升迁为温令、汉中太守。既有前期的不断学习，又有后期的不断练习，这也就难怪李密可以运用简洁的文字准确而清晰地陈情达意，实现沟通目标了。

九、沉稳

【原典】

言未及之而言谓之躁。

【简译】

没有轮到自己发言时就发言，这叫作急躁。

【评议】

这句话出自《论语·季氏篇》，指出了人际交往中易出现的失礼行为之一——抢话。在孔子看来，一个人之所以做出抢话这一特别失礼的举动，原因就在于过于急躁，沉不住气。由此孔子想提示人们，在人际沟通过程中不要因为急于表达而抢话，而要选择气氛合适、序位正确的时候发言。

在社交场合中，一个人如果总是在没有轮到自己发言时就抢先发言，急急忙忙地将自己的观点或看法表达出来，一方面会打断他人的发言，影响他人的思路，另一方面也反映了对他人不够关心，不够尊重，做人没礼貌、做事不沉稳。反之，一个人如果在社交场合中能做到不抢话，耐心等待对方说完才发言，不但给予对方应有的尊重，表现了自己良好的修养和教养，而且给自己留下更好地思考和完善观点或看法的机会，避免了误解和矛盾的产生，促进双方更深地交流，达到更好的沟通效果。

孔子对真君子的评判标准有"君子欲讷于言而敏于行"一说，即真君子不但在行动上敏捷迅速，而且在说话的时候少说慢说。因此在平时的工作和生活中，除了要学会平心静气地倾听他人发表观点或看法，据此反思、调整或修正自己的看法或观点，让自己的观点或看法更加完善，让自己在取长补短中获得更大的提升，同时还要在对方发言时给予及时的目光关注，以此向对方传达我们的尊重，用自己适时、适度、沉稳的发言安抚对方躁动的心，进而获得他们的尊重和礼遇，促成良好的人际关系的形成，让自己获得更大的成长空间。

【事例】

徐阶沉稳斗严嵩

嘉靖二十九年（1550年）八月，蒙古俺答汗因明朝屡次拒绝与之建立贸易关系，便率十万余精兵铁骑围困京城，希望借此逼迫嘉靖皇帝答应"通贡"协议。明朝主将仇鸾主张实行"坚壁"战略，在城内固守不出，任凭俺答汗军队劫掠京郊地区，史称"庚戌之变"。八月二十一日，皇帝召集群臣询问应对之法，徐阶认为俺答汗不可轻视，若是不严阵以待，恐怕将来会成为祸患，而当时的内阁首辅严嵩却认为俺答汗"不足为患"，没有必要如此谨小慎微。明世宗赞同徐阶的观点，并且进一步询问具体的对敌方法。徐阶出于为君主分忧、解除国家忧患考虑，借四篇奏疏给出了对敌之计，这些建议均被明世宗一一采纳。然而，在首辅严嵩看来，徐阶的忧国忧民、精明能干，却反衬出了他的庸碌无为。从此之后，严嵩就对徐阶怀恨在心，并伺机报复。后来，徐阶因为反对将明仁宗的牌位迁入祖庙而触怒了明世宗，严嵩就抓住这个机会向明世宗进谗言，使得明世宗厌恶徐阶。徐阶感觉到了明世宗对自己的疏远，也明白是严嵩在背后捣鬼，为了自保不得已采用联姻的方式让自己化险为夷。经此一事，徐阶进一步认识到要抓住时机将为人卑鄙且小肚鸡肠的严嵩除掉，而他不仅处事要沉得住气，说话也要沉稳，不开口则已，一开口就要达到一击必中的效果。自此之后，徐阶把除掉严嵩当作目标，在平时更加谨言慎行，以便逐渐消解严嵩的防备心理，等待合适的时候，一举扳倒这位佞臣。

嘉靖三十一年（1552年）前后，严嵩因为专权弄术，引发群臣的不满，于是把持着朝廷大权的严嵩对凡是上奏疏弹劾自己的人展开了残酷的报复。第二年正月，时任兵部员外郎的杨继盛在奏章中对严嵩发起最为猛烈的弹劾，顺便还在奏章中指责徐阶听命于严嵩，有负皇恩。徐阶没有急于为自己辩白，默默地承受了弹劾的同时，还试图在严嵩面前保全杨继盛。结果他的做法引起了严嵩的怀疑。这件事更加提醒徐阶：自己的修养还不到家。为此，他行事更加小心而沉稳，到了后期，他还不得不称病闭门谢客。待严嵩的报复稍微缓和之后，徐阶借机向明世宗上奏，以严嵩已经年逾八十不宜过度劳累为由，建议给予其优待，减少其参与朝政的机会。明世宗认可了徐阶的建议。此后朝廷的权力中心开始逐渐从严嵩向徐阶转移。

嘉靖四十年（1561年）时，明世宗因修道所住的永寿宫发生火灾，不得已先移驾玉熙殿暂住。当明世宗反映住得不舒服时，傲慢自大的严嵩就提议明世宗去南宫居住，而南宫是当年明英宗被软禁之处，明世宗对此地相当忌讳，因此他对严嵩产生了厌恶之情。徐阶就借机提议用重建三大殿剩余的木材维修永寿宫，既节约了经费，又可以让明世宗尽快迁回原先居住的地方。明世宗因为徐阶的这个建议而对他更加信赖，在永寿宫修缮完毕后就将徐阶升为少师。至于严嵩，明世宗只是象征性地为他增加了一百石俸禄。看到严嵩已经失势，御史邹应龙再次弹劾严嵩，指出严嵩之子严世蕃倚仗父势，受贿弄权。这一次，失去了皇帝青眼的严嵩被勒令辞官退休，其子严世蕃被处死。徐阶顺理成章地成了内阁首辅。至此，徐、严之间长达十二年的明争暗斗，因为徐阶的沉稳等待，终于画上了句号。

【评析】

上面的事例散见于《明史》的部分章节中。通过阅读这部分内容可以清晰地看到这位明代中期名臣徐阶的心路历程，看到他在成长的过程中，修炼言行，最终凭着沉稳谨慎、不疾不徐的处事风格，博得皇帝的青睐，获得与严嵩抗衡的权力和机会，还通过联姻取得严嵩的信任，并收敛锋芒，使其一步一步卸下防备心理，暴露了自己的把柄，助徐阶实现愿望。

首先，徐阶与明世宗关系的变化过程上，徐阶从开始急吼吼地为君分忧的耿直之臣变成了圆滑世故、审时度势的变通之臣。"庚戌之变"时，徐阶急于为君分忧，连上四篇奏章，这种急君主所急的态度和行为，赢得了明世宗的礼尚往来——建议被采纳，入了皇帝的法眼。但在后来关于明仁宗的牌位迁入祖庙的事情上，徐阶因为没能体察明世宗微妙的心理，急着上奏谏言，招致明世宗"礼尚往来"地厌弃他、疏远他，甚至在他遭到严嵩的报复时也不为其提供庇护。这一连串的事情让徐阶认识到，"言未及之而言"是人际交往中的大忌，从此他开始修身养性，言行越发沉稳，也更能体察人心。这种变化也让他在发现明世宗忌讳南宫这个居所后沉得住气，找准时机适时送上重建、维修永寿宫的建议，投其所好地满足了明世宗的需求，顺理成章地得到了明世宗的信赖和回报——升为少师，也实现了让明世宗疏远严嵩，最终除掉严嵩的目的，可谓一举三得。

其次，徐阶与严嵩关系的变换过程，徐阶从一开始的针锋相对逐渐转变为和谐相处，这种和谐尽管只是表面上的和谐，但是让他获得了达成目标的机会。"庚戌之变"的无意之举，让徐阶招致严嵩的妒忌，继而遭到一系列的挫折，这让他深深地领悟到自己当初连上四篇奏疏为国尽忠、为君分忧的举动在严嵩这位上级看来，相当于当着皇帝的面打他的脸，是不将他放在眼里的严重的逾矩行动，严嵩当然"礼尚往来"地还以颜色，凭着皇帝宠臣的便利条件找机会诋毁徐阶。从此徐阶将"君子欲讷于言而敏于行"作为处事原则，多看少说，一定要说就慢点再说，想好了才说，谨慎行事，忍人所不能忍，甚至被同僚弹劾为严嵩同党的痛苦也默默忍受下来。而他的这种变化向严嵩传达了和解的信号，严嵩也就礼尚往来地不再将他当成眼中钉、肉中刺，打消了除之而后快的念头。当然，在此期间，徐阶保全杨继盛的举动再度招来严嵩的怀疑和报复后，徐阶用"示弱"——称病闭门不出，向严嵩表明自己的态度，严嵩也就礼尚往来地收手，不再穷追猛打。随着修养越发高明，言行越发沉稳，当察觉到严嵩对自己的态度变化后，他适时"关心"地上奏，以严嵩已经年逾八十不宜过度劳累为由，建议皇上给予其优待。这一举动让严嵩特别高兴，就此彻底放下了对他的防备，为他后来进一步获得明世宗的信任提供了便利，并顺利地抓到了严嵩的把柄，将其送上了穷途末路。

总之，从徐阶和明世宗、严嵩的相处过程中，我们可以深刻地体会到人际交往中掌握好说话的时机和尺度，学会藏拙，学会等待的重要性：一方面，可以让自己获得更多的观察和思考的机会，体察对方的心意，进而审时度势说出对方期望的话语；另一方面，则因为自己的话说得入情入理，也让对方礼尚往来地给予相应的回报，促成良好的人际关系的形成，为自己顺利达成相应的目标加码。

十、坦率

【原典】

言及之而不言谓之隐。

【简译】

到该说话的时候而不说话，叫作隐瞒。

【评议】

这句话出自《论语·季氏篇》，强调说话的态度问题，即要在应该表达自己的观点和看法的时候勇于表达出来，而不是将其隐瞒起来。因为这种知而不言、瞒而不报的行为，不仅是一种失礼之举，而且可能会招致他人相同的对待，从而给自己带来麻烦。

很多人将知而不言视为一种高级修养，但那是指对于不宜说的话要做到守口如瓶。此处所说的知而不言，是指应该说的时候却不说，比如面对危险只顾着自己逃命，或本着事不关己的态度任由他人陷入险境而未予以提醒，这种"言及之而不言"的行为就是不仁不义之举。相反，发现他人处于险境或可能遭受重大损失时，自己恰好发现，无论是否有提醒的义务都及时给予提示，这种"言及之而言"的行为不但可以帮助他人免受损失，也会因为乐于助人、雪中送炭获得相应的回报。

一个漆黑的夜晚，张三急着外出办事，想从一条偏僻的小巷抄近路。正在他用手机微弱的光照着路面快步疾行时，突然发现前面一个人在黑暗中摸索前行，于是他就努力将手机举高一些，帮助对方看清路面。突然，借着微弱的光亮，张三发现前方路面上少了一个窨井盖，前面那个人眼看就要一脚踏入井中。情急之下，他高声大喊："站住，危险！"声音响彻整个巷子。那个人好像被吓住了，竟然回头向张三跑来，一把将张三拉到了一边。随着一阵风在耳边刮过，张三回头一看，竟然是一片屋瓦落在地上摔得粉碎。

上面的小故事中，张三因为"言及之而言"，救了他人，而他人也在关键时刻救了张三。这充分说明当言则言是一种利人利己的行为，利于促成良好的人际关系，符合人际交往中礼尚往来的原则。

在人际交往中，如何让"言及之而言"的坦率成为促成礼尚往来的人际关系的助力呢？

首先，身在其位时必须"言及之而言"。换句话说，遇到自己的职责范围内的事情时一定要在其位谋其政，当言则言。比如主管发现自己的下属被误解，就要当言则言，维护自己的下属。这样的当言则言，不但可以温暖下属，而且可以换得下属的真诚相待。

其次，当言则言的"言"要讲究策略，不能一味地直言。一般来说，实话，尤其是指出对方的问题的实话是不太容易被人接受的。此时既要将话说出来，让对方明白，还要注意不伤害对方的自尊心，这就需要给语言进行"包装"。这样一来，同样达到了直言的效果，但却不伤人。比如朋友相处时，发现对方过于软弱，总是被人利用或欺辱，如果直言相告，一方面可能伤害了朋友的自尊心，另一方面也可能得罪利用朋友的人。本着不惹麻烦、不树敌的原则，可以巧妙地包装语言，既可以提醒朋友，也不得罪人，同时又保全了自己。这样一来，朋友感动于你的小心提醒和用心帮助，与你的感情更深；他人也不会因为你得罪他而怀恨在心，日后对你睚眦必报。

【事例】

魏徵犯颜直谏

魏徵是唐太宗时期著名的"诤臣"，以直言不讳而青史留名。魏征为官数十载，直言进谏的事情足有二百多件，几乎不胜枚举，其中较为出名且能够体现他性格特征的有反对为长乐公主追加嫁妆，以及提醒唐太宗不要因过度思念亡妻而忘记父亲这两件事。

贞观五年（631年），唐太宗开始为女儿长乐公主的出嫁准备嫁妆。由于长乐公主是长孙皇后所生的嫡长女，唐太宗对她格外宠爱，于是在准备嫁妆时就想在礼制的标准上多加一些财物。召集群臣商量时，众臣顾念到太宗皇帝的父女之情，纷纷表示"陛下所爱，欲少加之"，并上奏请求将嫁妆的标准提高到数倍于永嘉长公主的程度，唯有魏徵表示反对。魏徵说："过去汉明帝在给皇子分封采邑时曾说，我的儿子怎么能与先帝的儿子相提并论呢？于是只给了自己儿子相当于先帝之子一半面积的封地。如今永嘉长公主是长乐公主的姑姑，作为后辈的侄女的嫁妆却高出姑姑数倍，这样做太不合礼法了。"唐太宗虽然生气，但是知道他言之有理。长孙皇后听说后，不但赞叹他可以引用礼仪来遏制君主的私心，是能够辅佐陛下的贤臣，还赏赐他四百匹丝绸和四百串钱，对他的直言不讳予以奖赏。

贞观十年（636年），长孙皇后去世，唐太宗悲痛万分。为了疏解对亡妻的思念之情，他下令在宫中筑起层观（一种高耸的楼观），以便每天都可以眺望昭陵。一次，唐太宗让魏徵陪同自己登上楼观，一同悼念长孙皇后。到达高处之后，唐太宗指着远处的昭陵，问魏徵能否看清。魏徵说他老眼昏花，看不见。唐太宗就问他怎么会没有看见呢，那可是昭陵啊！魏徵平静地说，他以为唐太宗说的是献陵，如果是昭陵，那么他当然能够看到。献陵是唐高祖的陵寝。唐太宗听到魏徵的回答，明白他是在提醒自己，不能因为过度思念亡妻而忘记了父亲，忽视了先祖留给自己的江山，于是在当天便哭泣着让人拆掉了层观。

【评析】

上述故事出自《旧唐书·魏徵列传》。从这两个故事可见，魏徵身为谏议大夫，进谏时不会因为考虑到君王可能会因此不悦而有所隐瞒，做到了"言及之而言"。而他的这种不欺瞒，这种难能可贵的坦诚，也换得了唐太宗对他的信任，以至于魏徵去世之后，唐太宗流着泪说魏徵死了，自己失去了一面镜子。由此可见，坦率之言用得好，也会成为人际交往关系的催化剂，促成礼尚往来局面的形成。我们一起看一看，魏徵怎么用坦率促成了君臣之间的礼尚往来。

在封建社会，许多人在面对皇帝时，别说是坚持自己的立场，甚至可能连大声说话都要思前想后、战战兢兢，生怕一个不小心就惹得龙颜震怒，让自己遭受惩罚。在如此等级森严的朝廷体系中，魏徵之所以能够做到毫无畏惧地直言诤谏，一方面是因为他对自己的国家、君主的负责任的精神，另一方面是因为唐太宗这位君主的胸怀宽广、容人之量。魏徵如果不能在其位谋其政，坦率地进谏，那么唐太宗不会信任他；反之，如果唐太宗不能虚心纳谏，魏徵又怎么能一次又一次地犯颜直谏呢？恐怕命早就没了。正是因为君臣之间的这种礼尚往来，才为后世留下了一段君臣相得的佳话。

魏徵虽然说话坦率、直白，但是他从不会站在道德制高点去指责皇帝哪里做得不对，而是旁征博引、循循善诱，以臣子的礼节对唐太宗进行规劝，即便有时言辞激烈，也不会失去礼数，这让唐太宗即便有心发怒，甚至于气到下朝回宫之后说要斩了他，也找不到合适的借口。比如劝唐太宗不要沉湎于思念皇后时，魏徵就给语言进行了包装，得体合礼地表达劝谏之意，让唐太宗得到尊重的同时也明白话中的深意，自然不会发怒、惩罚。由此可知，就算是耿直、坦率的魏徵，也知道坦率固然可好，但也要注意方式。所以，要让坦率促成礼尚往来的人际关系的形成，就要依据自己的身份，以及对方的年龄、身份、性格，必要的时候还要注意为自己的"坦言"加上一层外衣，以尽可能地避免引发人际冲突，在帮助他人更好地接受我们的建议的同时，收获良好的回馈。

十一、言谈有尺

【原典】

不可与言而与之言，失言。

【简译】

不可与之说话的人却和他说了，这是白费口舌。

【评议】

这句话出自《论语·卫灵公篇》，上半句是"可与言而不与之言，失人"。孔子通过这句话说明人际相处时要分清谈话的对象，把握说话的尺度，做到见什么人说什么话。

三毛曾说："朋友之间再亲密，分寸不可差失，自以为熟，结果反生隔离。"人与人之间关系再好，也要把握好说话的尺度。这个尺度就是边界。

边界在人际关系中是一种虚拟的线，这条线可以帮助我们区分一个个体与其他个体、社会、文化及环境的不同点。每个人由于成长经历、接受的教育不同，形成了不同的价值观、人生观，因此也就形成了不同的边界。对于一个人而言，边界就是这个人不可触碰之地，因此要想维护良好的人际关系，就要形成边界意识，确保自己在与人相处时不越界。人际相处中一个人说话有分寸、有尺度，就是尊重他人、不越界的表现，当然也因此会换得对方基于礼尚往来原则的不越界和尊重。

怎样在交谈中把握好尺度和分寸，守好边界呢？这就需要我们对沟通之人进行深入的了解，清楚与其沟通时哪些话该说，哪些话不该说。

首先，要明确交谈对象的社会角色。每个人在社会上都承担着多重角色，当处于不同的角色时，这个人必定会有着不同的说话忌讳。因此在与人交流时就要依据对方当下的角色斟酌语言，选择合适的谈话主题，把握好交流的深度，既不交浅言深，也不交深言浅，进而将自己的体贴和关心借语言传达，对方自然会因为我们的善解人意而心情愉悦，进而礼尚往来地体贴、关照我们，促成良好的交流与沟通的进行。

其次，要清楚交谈对象的内在需求。人是社会人，无论是什么样的人，在与他人交流或沟通的过程中都是带着相应的需求。只有我们的交谈能满足交谈对象的需求，我们说出来的话才能激起对方的兴趣，获得对方的认同，从而使对方愿意与我们交谈。比如一个旅游的人迷路了，为了找到返回宾馆的路与你交谈，你却与之大谈特谈当地的美景，对方肯定会很反感，进而回避与你交谈。

再次，要了解对方的性格。不同性格的人说话的风格不同。因此，不仅要在交谈中把握好尺度，还要注意依据对方的性格说话。一个人的语言风格、用词习惯、语气等都可以反映出其性格特点，在与其交谈前不妨多听对方说话，由此确定其性格，进而把握好与之交谈的尺度。一般来说，在和性格开朗的人谈话时不妨幽默、坦率些，在和性格内向的人谈话时则不妨委婉含蓄些。这样一来，你言谈中的分寸感就会让对方好感倍增，进而愿意与你交流，于是良好的关系就在礼尚往来中形成了。

最后，在与人交谈时还要做到清楚对方的喜好或忌讳，保持边界感，不触及对方敏感的话题，不谈论对方避忌的话题，不用自己的观点或看法绑架对方，等等。

总之，唯有用心待人才能做到以礼感人、以情动人，最终促成礼尚往来局面的形成，进而打造出适合自己的社交圈，助力自己的人生。

【事例】

言谈无尺，张松送命

张松，字子乔，东汉末蜀郡（今四川成都）人，为人精明强干，极富才华，只是个头矮小，其貌不扬，行为放荡不羁，看起来相当不修边幅。

最初，张松是益州牧刘璋的手下，后来因为刘璋为人懦弱又生性多疑，在他手下，张松难以施展才华，实现抱负，于是就想寻找其他明主投靠。建安十三年（208年），张松的哥哥张肃（时任别驾从事）受刘璋之命，携三百蜀兵去给曹操送礼，曹操也本着礼尚往来的原则，将张肃提拔为广汉太守。刘璋就将别驾从事一职让张松接任，自然拜访曹操的任务也就落到了张松的头上。当时，曹操已经平定荆州，降伏了荆州刺史刘琮，又赶跑了刘备，正是志得意满的时候。张松来拜访他时，曹操看他相貌丑陋，就以貌取人地认定他只是一介凡夫俗子，不但没有给张松一官半职，而且态度轻慢，时常出言羞辱他。张松也不是好欺负的软包子，既然曹操对他刻薄讽刺，他自然礼尚往来地反唇相讥。一来二去，两人之间的关系越来越紧张，居然到了剑拔弩张、势同水火的程度。

等到曹操在赤壁被刘、孙联军大败，张松完成了自己的出使任务，回到刘璋身边后，鉴于此前与曹操的交恶，张松就劝说刘璋与曹操断绝来往，并提示他可以和同一个宗族的刘豫州（刘备）交好。为此，他不但专门推荐了自己的朋友法正担任出使拜见刘备的使者，还在获知刘备有雄才伟略，是可以奉为明主的人后，与法正暗中达成共识，想共同推翻刘璋，拥立刘备为益州之王。

建安十六年（211年），曹操派钟繇讨伐雄踞汉中地区的军阀张鲁，刘璋听闻后害怕接下来就轮到自己，张松就趁机再次劝他投靠刘备，说二人可联手对付曹操，否则益州就会因为腹背受敌而走向灭亡。后来，张松和法正还在刘备入蜀之后，建议刘备在与刘璋会晤时将其直接抓起来，但被刘备拒绝了。建安十七年（212年），曹操出兵攻打孙权，刘备应孙权请求东行入吴。张松得知消息后急忙给刘备写信，劝他不要离开，以免错失可成大事的机会。

张肃知道了弟弟张松要密谋造反的事情，害怕事发之后受到牵连，于是向刘璋举报。刘璋就让人将张松抓起来处死了。刘备听说了张松被处死的消息后，连连叹息道："刘璋杀了我的内应啊！"

【评析】

上面的故事出自《三国志》。从中可以看到，人际交往中言谈有尺对于事情的成败、关系的远近的影响。

首先，在和刘璋的相处中，张松虽然始终以臣子的身份相待，但是由于背地里打着自己的小算盘，因此虽打着为刘璋好的旗号，在和刘璋交谈的过程中却频频越界，不但直言刘备的好，劝刘璋与其结交，而且主动推荐自己的朋友去出访刘备，几乎相当于强迫刘璋与刘备结交。这些做法不仅越界和没分寸，也从不替对方考虑，最终也使得刘璋在处理他的事情时不念旧情，干脆地夺去他的性命。

其次，在与曹操的来往中，曹操以貌取人，见张松相貌丑陋，便理所当然地认为他无能，对张松抛出的橄榄枝不屑一顾，应该对其热情相待却冷淡处之，言语之间失了分寸，不但诸多轻慢，还时常出言羞辱。于是张松就以牙还牙，反唇相讥，不该说的话也说，虽然无礼，但也是曹操无礼在前，也算是"礼尚往来"了。

最后，在与刘备的来往中，张松因为仰慕对方的大名，表现出了极大的热情，不但亲自为其得到益州进行谋划，甚至在刘备东行入吴时极力挽留，发出"您为什么要离此而去"的感叹。这样的言语明显失了分寸，越了界。失了分寸的过分热情，在刘备的眼中就会别有意

味，于是刘备对他始终持疏离的态度，哪怕他最终因此送命，换得的
也不过是刘备的一句"刘璋杀了我的内应啊"，可见其在刘备心目中
的地位。

从张松与刘璋、曹操和刘备相处中的言谈可见，张松因为没能悟
透礼尚往来的人际交往艺术，没能得到刘璋的保护和爱惜，没能获得
刘备的信任和亲近；曹操因为没能把握好礼尚往来的艺术，说话失了
分寸，得罪了张松，错失获得益州的机会。由此可见，一言兴邦，一
言丧邦，人际交往中倘若能把握好谈话的分寸，那么就会收获对方礼
尚往来的回馈，促成自己目标的达成。

十二、得体

【原典】

居丧不言乐，祭事不言凶。

【简译】

居丧期间，不要谈及快乐的事情；祭祀的时候，不要讨论不祥的事情。

【评议】

这句话出自《礼记·曲礼下》，全文是："居丧不言乐，祭事不言凶，公庭不言妇女。"意在告诫人们人际交往中要确保说话得体，就要注意说话的场合和气氛。

有人曾说："把话说好，收获最大的是我们自己。你越会说话，别人就越快乐，别人越快乐，就会越喜欢你。"反之亦然。

"一家人刚生了一个男孩，合家高兴透顶了。满月的时候，抱出来给客人看——大概自然是想得一点好兆头。一个说：'这孩子将来要发财的。'于是他得到一番感谢。一个说：'这孩子将来要做官的。'

他于是收回几句恭维。一个说:'这孩子将来是要死的。'他于是得到一顿大家合力的痛打。"

上面这个小故事出自鲁迅先生的散文《立论》,非常生动地揭示了说话得体的重要性。故事中第三个客人因为说话不得体,没让别人感到快乐,别人自然礼尚往来地不给他快乐了。由此可见,将话说得体是一项人际交往的语言艺术,也是促成人与人之间礼尚往来的重要方法。

如何才能把话说得得体,促成礼尚往来的人际关系呢?那就需要我们练就一双善于观察的眼睛和一颗善于体察的心。

细心观察会发现,那些能根据场合说话的人,通常不会在说话时只沉浸于个人世界中,而是能认真观察周围的环境,站在自己和他人的双向立场思考问题,体察他人的情绪和情感,针对对方的心理说出相应的话语,引起对方的共鸣,让双方均处于愉悦的气氛中,进而营造良好的沟通情境。因此要想在人际交往中达到双赢的目的,就要注意不同的场合说不同的话,比如庄重的场合就要说庄重的话,休闲的场合就要说轻松的话;喜庆的场合要说高兴的话,悲伤的场合要说安慰的话;家人、朋友相聚的场合,可以无话不谈,可以说私密的话;有外人在的场合说话要注意措辞,不要说冒犯他人的话,要将自己的语言巧妙地融入当时的情境中,让他人感到舒服,让自己舒服,形成双赢的人际关系。

【事例】

善进言，宁戚建功

宁戚是春秋五霸之首齐桓公身边的一个股肱之臣。他能从卫国乡下的穷孩子成长为朝廷重臣，关键就在于他能凭着得体的语言，敲开齐桓公的心门。

齐桓公即位后，为了发展齐国，开始不拘一格招纳天下贤才。宁戚就想去齐国拜见齐桓公，谋个一官半职。因为家里太穷，凑不出去齐国的路费，他就找到一个去齐国的商队，谋得了替商队赶牛车的工作，这才得以到达齐都临淄。到达临淄的时候，因为过了入城的时间，商队只好在城外过夜。睡不着觉的宁戚就一边喂牛一边苦思见到齐桓公的方法。就在这时，一支举着火把的车队从城内驶出。从车队的气势和车辆的规格来看，宁戚知道车里坐的就是齐桓公。他想跑上去毛遂自荐，但又怕被当刺客杀死。突然，他看到了牛，就捡起一根木棍一边击打牛角，一边唱起来："南山矸，白石烂，生不逢尧与舜禅。短布单衣适至骭，从昏饭牛薄夜半，长夜漫漫何时旦。"意思是碎石头长在雄伟的南山，上好的白石却在地里枯烂，可怜的我就像白石一样，空有一腔抱负却遇不到尧舜那样的圣帝明王，只好穿着勉强可以遮住小腿的短布单衣，做着从傍晚到夜半的喂牛的工作，长夜漫漫，什么时候天才能亮呢。歌声随夜风传入齐桓公的耳中，他判断唱歌人一定不是普通人，就让人将唱歌人——宁戚请到车上，对坐交谈。在交谈的过程中，宁戚将自己关于称霸天下的方法和策略毫无保留地说出，由此获得齐桓公的赏识。

公元前680年，齐桓公打算以周天子的名义召集陈宣公、曹庄公、周单子等诸侯共同讨伐背弃盟约的宋国。宁戚就向齐桓公进谏："明公奉天子之命，纠合诸侯，以威胜，不如以德胜。依臣愚见，且不必进兵。臣虽不才，请掉三寸之舌，前去说宋公行成。"意思是，您虽然是奉周天子的名义讨伐宋国，但是以武力取胜不如以德取胜，要不然让我先去出使宋国，说服宋国的国君主动求和？能不战而屈人之兵，齐桓公自然愿意。于是宁戚到宋国拜见刚刚继位的宋桓公。二人见面后，宁戚从宋桓公当下的处境谈起，指出他当下要做的第一件事是安内而不是攘外，因为没坐稳位置就急着树敌，这是不明智的；背弃盟约，这是不诚信的。这样是得不到天下诸侯支持的，不用出兵就胜负已定。一番利害分析，首先打动了宋桓公。接着，宁戚为宋桓公分析了与齐国讲和、重修盟约的好处。宋桓公在权衡利弊之后派使臣随宁戚同去齐国觐见齐桓公，宋、齐之间重归于好，齐桓公在诸侯中的威信更上一层，宋桓公也得以获得更多的外部支持巩固自己的政权。

【评析】

上面两个故事都出自《东周列国志》。从故事的内容可以看到，宁戚的成功，得益于他因人、因事适时而言，打动人心，使双方获利。

在面见齐桓公一事上，宁戚的表现可圈可点。在行动上，他能审时度势，抓准时机，化赶车人的不利条件为便利条件，击打牛角高歌一曲传达心意。他能依据车队的气势和车辆的规格确定是齐桓公，说明他在说话前通过细致观察，快速做好了准备。击打牛角高歌一曲的行动，又符合他当下的身份——赶车人；歌曲的内容既交代了当下的处境，又展示了自己的才华，尤其是将自己比作白石，将怀才不遇之情比作"生不逢尧与舜禅"，暗中传达了他是人才，能赏识和重用他的人就是尧与舜，"长夜漫漫何时旦"又表达了自己的极度渴望之情。这样不卑不亢的语句符合他的身份，切合当下的情境，于是让求贤若渴的齐桓公看到了他的才，领会到了曲中意，于是请他上车坐谈。结果就在一来一往中宁戚的目标达成了，齐桓公招揽贤才的愿望也实现了。

在说服宋桓公一事上，宁戚更是展现了他得体的语言能力。初见时，作为外国使臣，宁戚将自己的位置放得很端正，不谈和齐国重修旧好的好处，而是从宋桓公当下的处境谈起，这样换位思考、为对方着想的做法，首先就温暖了宋桓公的心。更重要的是，他让宋桓公看到了攘外必先安内的重要性，一下就抓住了宋桓公的痛处，说到了他的心窝里。看到对方明白了安内的重要性后，宁戚才抛出此行的目的，让宋桓公从正反两方面清楚挑起对外战争的胜算如何，双主重修旧好的好处如何。能夺得国君之位的宋桓公自然能算明白这笔账，自然做出了于自己最有利的修好的选择。

综观两件事，宁戚在与人交谈时，能依据对方的身份、地位和当下的情境，以及自己当下的身份和处境随时调整自己的说话方式、说话内容。他在齐桓公面前表现了自己忠于君主、维护君主的形象，因此博得了齐桓公的赏识与重用，得以实现自己的志向和抱负；他一心为齐着想的忠臣形象，以及在宋桓公面前展现了不亢不卑、言辞诚恳而中立的使者形象，使他获得了宋桓公的认可，从而接受了他的建议，让他达成了出使的目的。

由此可知，人际交往中要善于发挥语言的力量，语言得体相当重要。得体的语言既能符合说话人的年龄、地位、身份和当下的处境，也能照顾到不同的交谈对象的年龄、身份、地位和当下的处境。让对方获益，对方自然也会礼尚往来地让我们达成自己的目标和愿望。

第三章

行为重「礼」

英国作家塞缪尔·斯迈尔斯说："友善的言行、得体的举止、优雅的风度，这些都是走进他人心灵的通行证。"正所谓言行展现修养，举止彰显素质。得体而优雅的举止，向他人传达出真诚、尊重，展示出自身的修养与素质，在为我们赢得他人尊重的同时，也使得他人能投桃报李地对我们以礼相待，由此让我们得以在礼尚往来中获得进入社交圈的第一张名片，迈出成功人生的第一步。

不逾节则上位

十三、守规矩

【原典】

礼不逾节，不侵侮，不好狎。

【简译】

讲究礼仪，就是行为不超出道德的规范，不侵犯侮辱他人，不轻慢随便。

【评议】

这句话出自《礼记·曲礼上》，意在指人际来往中要注重行为礼节，要举止有节、有度，守规矩，让对方感受到被尊重。

规矩为我们立身处世提供了约定俗成的标准，"世界上的一切，都必须按照一定的规矩秩序各就各位"。一个人在人际交往中如果能注意行为守规矩，那么他人就会在与之相处时感受到被尊重，就会对其还以尊重，于是双方的关系就在"你敬我一尺，我敬你一丈"中不断加深，进而结成深厚的情谊，双方也乐意在对方需要时提供社会支持。

被誉为"救时宰相"的明朝名臣于谦，一生严守做人做事的规矩。为人，他严守自己做人的原则，坚持清廉自守，秉公执法，赢得百姓对他的尊重，百姓不但尊称他为"于青天""于龙图"，还在他被大太监王振投入监狱后为其奔走呼号。为官，他秉持朝廷的律法，公正待人，在北京保卫战大获全胜后秉公处事，上书皇帝为守城的将军石亨加官授爵，在获得对方以亲手所打的一条河鲤相赠时，他坚决拒绝了，他的高风亮节被千古传诵。

那么，人际交往中怎样在行为上守规矩，才能获得他人的以礼相待，促成礼尚往来的人际关系的形成呢？关键就在于"不逾节"三个字上，比如在与人相处时要做到投桃报李、不占他人的便宜；与人约好要按时赴约不迟到；不随便打听别人的私事，不故意谈及对方的伤心事；借钱主动打欠条，按期归还；与人交谈要专注而认真，要礼貌……

总之，就像孔子教导颜回所说的："非礼勿视，非礼勿听，非礼勿言，非礼勿动。"这样一来，就会因为不逾节，获得他人的尊重，从而让自己与周围的关系多些和谐，少些矛盾和纠纷，从而得到更多的无形助力。

【事例】

唐太宗礼不逾节

作为我国历史上的一代明君，唐太宗李世民非常善于处理各种关系，尤其是君臣关系，这和他平时在君臣相处时注意礼尚往来，注意以礼待人、礼不逾节有关。

唐太宗很重视子女教育,像李纲、张玄素、魏徵、王珪等朝中德高望重、学识渊博的臣子都曾被他指定为皇子的老师。对待这些皇子的老师,唐太宗不但自己以礼相待,还专门下诏书规定了对待老师的礼遇,鼓励老师对皇子的过失极言劝谏,要求皇子们见师如见父,在路上碰到老师,要老老实实地下马给老师行礼。

老臣李纲历隋、唐两朝,被唐太宗指定为太子李承乾的老师时已经八十多岁了。一次,李纲脚痛病犯了,不能穿鞋走路。李世民听说后,就特许李纲坐轿进宫讲学,而且要求太子亲自去迎接老师。老臣王珪是皇四子李泰的老师,而李泰聪敏绝伦,最得李世民的宠爱。一次,李世民听说李泰对老师王珪不敬,就当着王珪的面教训李泰,要求李泰每次见到老师就要像见到他一样,必须恭敬,不能有丝毫懈怠。在他的严格要求下,皇子们都极其尊重老师,每次老师来上课,都执弟子礼。李世民贵为皇帝,深知"水能载舟,亦能覆舟"的道理,对手下的大臣相当宽容,但对于那些不敬长官、背后说他人坏话的臣子却深恶痛绝。

濮州刺史庞相寿在李世民没登基时,是秦王府的一名幕僚,曾伴随李世民一同走过从被打压到夺嫡成功的岁月,可以说是患难与共了。当庞相寿因为贪污被罢官,上表向唐太宗求情时,李世民非常怜惜他,想念旧情将他官复原职。魏徵指出当年秦王府的旧僚属如今遍布朝廷内外,如果因为念旧情就去偏袒臣子,那么只能让那些行为不端的人行为更加恶劣,真正行为端正的人则会担心和恐惧于被压迫和被排挤。唐太宗听后，还是采纳了魏徵的谏言，没有赦免庞相寿。他对庞相寿说，自己做秦王时只是一府之主，现在做皇帝是一国之主，如果一味地偏袒旧人，那么让其他臣子怎么想呢？同时作为一国之主，对于臣子的合理的进谏他必须采纳。最终，他没有答应庞相寿的要求，但还是赏赐了对方一些锦帛。

萧瑀也是历隋、唐二朝的老臣，李世民很尊重他，把他从尚书右仆射提拔为尚书左仆射。一次，他对李世民说房玄龄和中书、门下两省的大臣私结朋党，而且操持权柄，固执己见，这是对皇帝的不忠，就差点儿谋反了。李世民一听，顿时脸色阴沉下来，然后大声训斥他说话过分，告诉他君王选择有才能的人作为股肱心腹之人就是要推诚置腹，委以重任；做人做事不能求全责备，而是要弃其短处，取其所长，自己虽然不能算是耳聪目明吧，但也不至于糊涂到好坏不分的地步。这番话说得萧瑀尴尬不已。这件事虽然让唐太宗李世民很不高兴，但是他并没有因此就疏远萧瑀，更没有将他闲置不任用。

【评析】

上面这些事例出自《旧唐书》和《资治通鉴》。从这些内容可以看到，唐太宗李世民是一个相当重视礼节之人。这主要体现在他做事情遵循相应的规矩，并不因为自己是帝王就随意而为。他在君臣相处中注重礼节、严守规矩的做法，也让臣子们对他敬服，从而助他成就贞观盛世，留下了"中国之盛未之有也"的极高的美名。

李世民虽贵为帝王，但极其看重老师，而且注意遵循约定俗成的规矩。比如，他要求皇子们要在遇到老师的时候，下车敬礼；在太子的老师李纲身体不好时，不但允许他乘轿子在宫中行走，而且要求太子亲自到门口迎接。这些举动的背后，都反映了这位帝王对于尊师重教的传统的重视，以及对于礼仪的遵守。同样，他的这一以礼待人的态度，也得到了臣子们的以礼相待，老师们对皇子都倾心相授，忠心扶持。史载，李世民的十四个儿子，虽然结局不同，但是大多在不同的领域表现突出，比如李承乾十二岁参与朝政，十四岁开始监国，表现出极强的理政能力；李泰才华横溢，雅好文学，主持编纂了《括地志》……这些能力或才华的获得与他们老师的倾心教导密不可分。

李世民作为一代明君，富有远大的志向，深知其志向的实现离不开臣子的倾心辅助，因此无论是做皇子还是登基为帝，他都能遵守规矩，按律办法，公正地对待臣子。

庞相寿因为贪污被罢官，李世民从最初念旧情动了要将其官复原职的念头，到后来纳谏坚持依律办事，这是他遵守法律、守规矩的表现；虽然没让庞相寿达到目的，但他还是赏赐了对方一些锦帛。至于萧瑀诬告房玄龄一事，他毫不留情地予以批驳，是因为萧瑀的行为是纯粹的不守礼的行为，一是违背了不背后说人闲话的礼节，在君王面前说同僚的坏话，而且是无中生有，诬陷对方；二是违背了"责己以严，待人以宽"的礼节，做人做事求全责备，心怀嫉妒，不能容人。可以说，正是由于唐太宗李世民极其重"礼"，既遵守世间人情世故的规则，也遵守国家律令，才让他获得了臣子的忠诚报效，他们以礼制和才华辅助他，让唐朝在他的治理下呈现出贞观之治的盛世。

十四、分上下

【原典】

不逾节，则上位安。

【简译】

（只要百姓能安守本分，）不越出应守的规范，为君者的地位就会安稳。

【评议】

这句话出自《管子·牧民》，强调的是百姓守礼、安于自己的本分对于君主管理国家、国家安定的重要性。换个角度来看，它也强调了在与位居高者相处时要认清自己的位置，做到在其位谋其政，只有行为"不逾节"，才能获得良好的工作和生活环境。

春秋时期齐景公的一匹爱马死了，齐景公一怒之下就要将养马人杀死。众臣纷纷进谏阻止，唯独晏子一边指着养马人大骂对方罪该万死，一边列数对方的三宗罪：一是养死了宝马，二是让国君因为马要杀人，损害了国君的英名，三是给了四方诸侯轻视齐国的机会。结果晏子的话音刚落，齐景公就若无其事地让人将养马人无罪释放，继而淡定地和臣子商讨国事。

在这个故事中，晏子在履行为人臣子的进谏本分时，注意了行为上的"不逾节"，既维护了齐景公的尊严，又凭着"不逾节"、知上下的明智之举达到了劝谏的目的。齐景公也因此本着礼尚往来的原则，不责罚他的"指桑骂槐"，将养马人无罪释放，确保了君臣之间和睦的关系。

可见，人际相处中认清自己的位置对于做人做事有多么重要。那么在实际生活中，怎样做才能"不逾节"，才能促成良好的人际关系的形成呢？

一是要认清自己的位置，清楚自己与周围人的关系；二是要清楚在自己的位置上应该尽的本分，知道自己和他人的职责范围，不随意干涉或插手他人的事情，尤其不越位干涉上级的事情；三是把自己的事情认真且努力地做好，并在需要他人帮助或支持时得体地发出请求，且在获得帮助后表达诚挚的感谢。这样一来，这种尊重他人、灵活处事的态度，就会让自己获得他人的尊重，从而获得良好的成长空间。

【事例】

郭子仪分上下，"不逾节"

纵览历史，功高震主的武将能善终者不多，郭子仪算是其中一个。这位侍奉了七位君主的武将之所以得以安享晚年，且保了郭家一门富贵，关键在于郭子仪懂得分上下，"不逾节"。

郭子仪的父亲郭敬之是唐朝中兴名将、政治家、军事家，曾任寿州刺史，郭子仪属于名副其实的"官二代"，但他严格遵守规则，以武状元的身份进入朝堂，从九品下的基层军官一步一步做起，并不凭自己的"官二代"身份而投机取巧，不分上下。

安史之乱爆发时，郭子仪正在家中为母守孝。被迫逃离长安的唐玄宗为了镇压叛乱，对他夺情起用。侍母至孝的郭子仪清楚自古忠孝两难全，自己身为大唐武将，有责任和义务扛起保家卫国的责任，于是临危受命，以朔方节度使的身份率唐军讨伐叛军，收回失地。在奉命收复两京（长安和洛阳）的半路上，郭子仪接到了马嵬坡兵变后即位的唐肃宗让他交出兵权的旨意。尽管很失望，但是他仍旧无条件地将兵权交出，回到了家乡。后来，因为没有一个可以率军抵挡住叛军的将军，唐肃宗不得已重新起用了郭子仪，郭子仪也毫无怨言地重归军营，当时他已经六十六岁了。政局稳定后，唐肃宗给郭子仪加官晋爵，封他为司徒、代国公，并用"国家再造，卿力也"对他的功绩给予极大的肯定。

唐代宗在位期间，仆固怀恩叛变，联合回纥、吐蕃进攻长安，唐代宗仓皇逃走，刚刚被罢官的郭子仪受命坐镇长安。他在接下圣旨后靠着一路南下抓民兵充数，运用疑兵之计成功地吓退了吐蕃人。事后，代宗不但任命他为河东副元帅，还进封他为尚书令，但郭子仪三次上表请辞尚书令，理由是"太宗皇帝曾任此职，因此历代皇帝都不任命",现在任命自己此职,是不合情理的,同时他强调"平叛以后,冒领赏赐的人很多,甚至一人兼任几职,贪图升官不顾廉耻。现在叛贼基本平定,正是端正法纪审查官员的时机,应从我开始"。唐代宗虽收回任命,却让人将这件事记入国史。

【评析】

上面的故事从《旧唐书》《资治通鉴》等书中均可以看到。从这几件事可以看到,郭子仪做人、为官始终做到"不逾节",而他的这种"分上下"之举也使得他所侍奉的君主以礼待地为他保留了生存空间。

在安史之乱中,郭子仪是在母孝期间被夺情的。所谓夺情,就是皇帝以圣旨的方式让臣子中止守孝期。对于这样的圣旨,其实臣子是可以拒绝的。比如明朝张居正在父丧丁忧期间,就三番五次拒接万历皇帝的夺情圣旨。而且郭子仪明知当时的情况恶劣——朝臣和皇帝都出逃了,但他还是接了这道夺情圣旨,带着丧母之痛,奔赴平叛战场,力挽狂澜。

马嵬坡兵变后,郭子仪在军中和民间的威望极高,唐肃宗让他交出兵权时,他本可以拒绝,当时的他绝对有这个资本,也拒绝得名正言顺。但他二话没说,干脆利落地交出兵权回家。因为他知道,自己是臣子,纵然和皇帝理论,当真能得到自己想要的结果吗?就算是遂自己所愿,也会让皇帝以自己被臣子要挟为耻,后面等着自己的可能就是家毁人亡,所以他要做的就是守好自己的本分,听从皇命。在没人能抵挡叛军后，唐肃宗二次起用他，他同样二话没说，以六十六岁的年龄重披战甲，再赴战场。在这一夺一予的过程中，郭子仪始终守着臣子本位，尊重身为皇帝的唐肃宗，做到了分上下。唐肃宗对他给予加官晋爵的封赏，就是君王对他的付出给予的回馈。

同样，在仆固怀恩联合吐蕃、回纥进攻长安时，皇帝自己逃走，留下手中无兵的郭子仪，他任劳任怨地接起重任，凭着自己的智慧和威名，实现了驱除外虏的目标。在这一过程中，郭子仪在无兵可用的情况下守城，完全可以发出"又要马儿跑，又要马儿不吃草"的怨言，但他没有，只是积极动脑筋，想办法，采用疑兵计吓退了敌人。这种分得清上下的守礼态度，让代宗皇帝对他充满内疚，于是对他不但给予了充分信任，甚至还打破先例给予他极高的官职。这样的君臣之间的礼尚往来，首先在于郭子仪做到了"不逾节"，守住了臣子的本分。

总之，无论是安史之乱中临危受命，还是马嵬坡兵变后中途交出兵权，继而在无人之时再被起用，甚至坚守长安，孤兵御敌，郭子仪都严守位置，谨记身份，分清上下，做好自己的本分，向自己的上司交出一张张满意的答卷，对方自然也礼尚往来地给予了"高分"奖赏。综上可见，通达事理，明白礼尚往来之道的人，能在其位谋其职，尊重上司，在严守自己的本分的同时灵活做人做事，用足够的尊重、绝对的服从和全心全意的尽职赢得对方的信任，从而为自己赢得长远的发展空间。

十五、不自进

【原典】

不自进，则民无巧诈。

【简译】

不妄自求进，人们就不会巧谋欺诈。

【评议】

这句话出自《管子·牧民》，是与"不逾节，则上位安"相对而言的，谈的是上位者要守礼，下位者才能安于其位。换个角度来看，它实际上谈的是管理思维，强调管理者要做到名实相符，行为守礼，就可以在管理上达到以礼安人、以礼治人的"无为"状态。

管理者"不自进"，是指不越位、不错位、不缺位，即能在其位谋其政，当管则管，该放则放，尽职尽责地承担起决策、管理等工作的同时，以知礼、守礼的为人处世的态度对待下属。这样一来，管理者不但可以更好地掌控大局、协调人事，打造合理放权的民主的管理形象，而且可以以身作则地影响下属，使之同样能知礼守礼，安在其位，尽其职责地为管理者提供相应的支持，助其完成相应的工作。

相反，管理者"自进"，则是指其行为越位、错位和缺位，即忘记自己的身份和职位，频频做出越界、破坏规则的行为。这样的管理者，或表现出为人处世时简单粗暴，不尊重下属，独断专行，什么事情都要插手，什么事情都必须自己来决定，管理上"一言堂"；或表现为不务正业，玩忽职守，推卸责任，将属于自己的职责和任务转移给下属。总之，无论是怎样的"自进"，均可能导致下属有样学样，做出相应的反击，最终的"苦果"都会由管理者自食。

宋代李邦献在《省心杂言》中说："不自重者取辱，不自畏者招祸。"上位者倘若做出越位、缺位、错位的"自进"行为，轻则影响个人发展和团队的管理运行，导致秩序的混乱，重则造成职业生涯的中断，团队的解体、倾覆。因此，聪明的管理者能谨记礼尚往来的人际交往规则，守好自己的位置，做到在其位谋其政；做到亲人，即认识到下属位置虽然居于自己之下，但人格上是与自己平等的。因此在做人做事时他们既不越俎代庖，也不将属于自己的责任推卸给下属，即使偶尔因为某些不得已的原因需要让下属代为尽职责，也要在事前或事后向其表达真诚的感谢。如此一来，和谐的人际关系得以形成，无论是工作效果还是工作体验均会得到提升。

【事例】

"无为而治"下的"文景之治"

西汉初年的"文景之治"使得经济稳定发展，百姓生活得到极大的提升，物质相对丰裕，中华文明迈入第一个盛世。而这一切的得来，与汉文帝和汉景帝实行的"不自进""无为而治"的治国之策密不可分。

汉文帝刘恒性格谨慎沉静，宽厚仁慈。8岁时，刘恒被封为代王，此后十五年，在代地就藩期间他就一直与民休息，发展生产，恭俭作则，任能选贤，使代地成为他积累治国理政经验、培养心腹重臣的基地。西汉高后八年（前180年），吕后去世，在丞相陈平、太尉周勃和朱虚侯刘章的拥立下，在代地郎中令张武、中尉宋昌等人的护持下刘恒登基为帝。即位初期，汉文帝面对的是诸吕之乱后的国家，他一方面采用拉拢、打击并用的手段巩固权势，对拥立他为帝的朝臣进行赏赐、封官晋爵，恢复被吕后贬斥的刘姓王公的爵位和封地，还赏赐、分封了跟随汉高祖刘邦开国的陈平、周勃、灌婴等功臣，采纳贾谊、晁错等人"众建诸侯而少其力"和削藩的建议，削弱诸侯王势力，巩固中央集权；另一方面以秦亡为鉴，体恤百姓之苦，实行"休养生息"的国策，重视农业，甚至每年春耕时亲自下地耕作，皇后则亲自带领宫女们去采桑养蚕，给百姓做榜样，劝课农桑，减轻田租、赋役和刑狱，废除肉刑，同时还放松禁止山泽渔猎的禁令，促进盐铁业发展，取消过关用传（符证）制度，以此促进商品流通和经济发展。他还亲自带头提倡节俭、孝道，比如穿着草鞋上殿办公，长期穿着简朴的龙袍，下诏禁止郡国贡献奇珍异物，甚至要求修建自己的陵墓时不要大兴土木，"即位二十三年，宫室、苑囿、狗马、服御，无所增益"；他不仅在母亲薄太后生病期间，亲自为母亲煎药熬药，每次煎好之后都要自己尝一尝再给母亲吃，而且下诏规定80岁以上的百姓由国家供养，每个月为其分发米、肉和酒，甚至还会为90岁以上的老人发放一些麻布、绸缎和丝绵。所谓上行下效，在他的影响下众多朝臣、贵族不敢奢侈无度，也加入节俭的行列，这就使得当时的国库有了一定的积攒，社会风气得到极大的改善。

后元七年（前157年）六月，46岁的汉文帝去世，不到32岁的太子刘启继承帝位，这就是汉景帝。汉景帝即位后继续沿袭文帝留下的"无为而治"的国策。在处理国事上，他充分任用和信任申屠嘉、晁错、袁盎等文臣和周亚夫等名将，比如"七国之乱"爆发时，他打感情牌争取到梁王刘武的支持，以重用的方式获得大将周亚夫的支持，于是在短短三个月的时间平定叛乱，但此后当周亚夫拥兵自重时又借题发挥将其杀死，当同父同母的梁王刘武居功自傲、贪婪无度的时候采用制衡之策。在经济发展上，继续推行重农抑商、轻徭薄赋、与民休息的政策，甚至像他的父亲汉文帝一样每年春耕时亲自下田，为天下人做榜样。在对外关系上，继续采用恩威并施的手段，用和亲、设关市、行贸易等手段安抚匈奴，用积极防御应对匈奴的骚扰。等到景帝后期，"京师之钱累巨万，贯朽而不可校。太仓之粟陈陈相因，充溢露积于外，至腐败不可食"。意思就是国家的粮仓丰满起来了，府库里的铜钱因为多年不用以至于穿钱的绳子都烂了，散钱更是多得无可计数。

【评析】

上面的内容出自《史记》的相关章节。从内容上可以看到，汉文帝和汉景帝父子二人在位期间之所以创造了"文景之治"的盛况，关键就在于他们能"不自进"，遵礼、守礼，凡事以身作则，臣民也因此礼尚往来地尽其职责，由此，打造出盛世的局面。

汉文帝和汉景帝的"不自进"，重要的体现就是能以身作则。比如汉文帝，从小受母亲薄姬的教导和影响，加之在代国就藩期间的历练，他清楚地知道一国之君的一言一行对国民的影响，因此在治国期间，他以身作则提倡节俭，重视农桑，"每年春耕时亲自下地耕作，皇后亲自带领宫女们去采桑养蚕"，而且注意以礼仪教化百姓。景帝即位后也像他的父亲一样以身作则，发挥帝王的表率作用，比如他也会在"每年春耕时亲自下田"，继续推行"无为而治"的国策，充分发挥大臣的功能，对百姓重视教化。文帝和景帝的一言一行对臣子和百姓产生了巨大的影响，激发起他们的忠君爱国之情，进而礼尚往来地尽力做好自己的本职工作，让国家得以强盛。

汉文帝经历过诸吕之乱，对于人性的了解相当深刻，清楚"得民心者得天下"的道理，在治国之初就注意收拢人心。对臣子，采用分封、升官的方式，恩威并施，拉近君臣感情；对百姓，以体恤民情的态度唤起忠君之心，比如下诏国家供养80岁以上的老人，自己下田耕种，穿草鞋、旧衣，等等。汉景帝在收拢人心上同样做得不遑多让。比如在登基后封周亚夫为车骑将军，平定"七国之乱"前升周亚夫为太尉（最高军事长官），让周亚夫获得充分的权力去平叛；在登基后对同胞弟弟梁王常有"亲亲之谊",异常偏爱,"七国之乱"前更是告诉梁王"千秋万岁后传于王",让梁王在平叛中更是浴血作战。正是文、景二帝能以心换心,臣子和百姓也礼尚往来地还以忠诚之心。

可以说,正是因为文、景二帝能做到明确自身的责任,"不自进",走上了以心换心、以身作则的治国之路,最终举国上下一条心,凝聚成一股巨大的力量,使得西汉王朝越来越强大,最终进入盛世。

据此可知,一个好的管理者,不是事必躬亲,而是要在清楚自身的身份及承担的责任和义务的基础上,不越位、不错位、不缺位,知礼守礼,让自己的"不自进"给下属以尊重和权力,由此下属会感于其伯乐之举而自觉、主动地做好自己的工作,并协助其工作,从而让管理进入"无为而治"的局面。

十六、不蔽恶

【原典】

不蔽恶，则行自全。

【简译】

不掩饰过错，品行就自然端正。

【评议】

　　此句出自《管子·牧民》，本意是谈关于做人做事的原则的，即一个人要做到明是非，分善恶，不去刻意掩饰自身或他人的过错，如此才能避免更大的错误或危害的发生。从人际相处的角度来看，它强调与人相处倘若能在明是非的前提下，以最大的善意帮助他人，不但会以正直的人格收获他人的尊敬，还会凭着有锋芒的善良获得他人礼尚往来的敬重与回报。

　　就本质而言，一个人在为人处世的过程中能做到对人对己都明是非，既是其遵礼守礼的体现，也是其人品高尚的体现。这是因为一个人发现自己犯了错误或做了坏事时"不蔽恶"，及时自省，主动承认错误，弥补或改正错误，体现了他对自己和他人的负责任，反映其人品的高尚。

一次，一个老夫子外出讲学。到达某地时，突逢天降暴雨，幸得一老渔翁相助，将他们师生领进一个面朝大海的岩洞避雨。听着雨声，看着海景，老夫子诗兴大发，随口吟出"风吹海水千层浪，雨打沙滩万点坑"的诗句。老渔翁听了就说他的诗句不对，因为海浪不可能只有千层，沙坑也不可能正好万点。老夫子觉得言之有理，不但感谢了老翁的质疑，而且听从老翁的建议，将诗句改为"风吹海水层层浪，雨打沙滩点点坑"。

在这个故事里，老夫子不因自己的身份而刻意掩饰错误，而是正视错误，虚心改正，此举不但无损于其读书人的形象，而且给人留下了谦逊、诚实的印象，这也无怪乎后世人传扬这个故事了。

同样，晋文公时的司法官李离能在发现自己误判案情而错杀了人后，不选择让下属当替罪羊，而是自己伏剑自杀谢罪，这也是一种明是非、"不蔽恶"的行为。这一举动让世人看到了他正直无私的品德，感受到了法律的公正、执法者的严明。因此司马迁在写《史记》时，将他记入《循吏列传》中，这是对他的人品的认可，是对他高尚人格的赞赏。

由此可见，一个人在为人处世时明是非，就会以其知礼守礼的表现，诚实、勇敢且富有责任心的美德，影响着周围的人，给周围的人留下诚实可信的印象。周围的人就会因为尊重其人品，敬重其人格，乐于与之交往，愿意与之合作，从而使其得到更多成长的机会和发展的平台，让其得以拓展自己的人生之路。

【事例】

姚崇明是非、不蔽恶

姚崇是唐朝名相，历武则天、唐睿宗、唐玄宗三朝宰相，以自己的明是非、"不蔽恶"为唐王朝的兴盛做出杰出的贡献，也以自己的明是非、"不蔽恶"留下"救时宰相"的英名。

武则天执政时期，姚崇因为处理事务得当，做事有条不紊而深受武则天赏识，于是将他从夏官郎中（武则天时代的兵部郎中）一职提拔为夏官侍郎（兵部侍郎）。后来，他改任凤阁侍郎，同时兼任相王府（李旦府）长史。任相王府长史几年后，姚崇因为母亲年迈，暂时辞职回家侍奉母亲。等到他再返回朝廷时，武则天想让他兼任夏官尚书（兵部尚书），姚崇坚辞不受，说"夏官执掌兵权，臣是相王府属官，兼任夏官不利于相王"。

唐玄宗时期，姚崇任中书令，兼兵部尚书。一次，姚崇一手提拔起来的吏部尚书魏知古受命去洛阳一带考察官员政绩。恰好姚崇的两个儿子就在洛阳为官。魏知古在离京前专门到姚府辞行，姚崇对他十分冷淡。魏知古到了洛阳后，在私下里见了姚崇的两个儿子，姚崇的儿子请他在玄宗皇帝面前为自己美言。于是魏知古就在写给玄宗皇帝的奏折中将姚崇的儿子夸奖了一番。玄宗看罢就将姚崇宣进殿中，称他的两个儿子都极有才干，政绩考核也不错，想提拔一下他俩。姚崇坦然地承认自己的两个儿子没什么才能，不擅长政务，不值得提拔。玄宗皇帝看到他如此公私分明，秉公处事，就只以魏知古辜负姚崇的教导、徇私妨碍公事为由将魏知古罢官，以正朝纲。但姚崇却上奏请罪，说自己教子不严，理应接受处罚，请玄宗责罪于他，而不要因为这件事贬谪魏知古。玄宗皇帝觉得言之有理，就将魏知古改任为工部尚书，并因此更加欣赏姚崇的人品。

姚崇一生清廉，由于只靠俸禄，没有多余的钱在长安城内买房，一家人住在长安城外边的偏僻之地，因此每天要很早起床去上朝工作。为了节省时间，他就和长安城内罔极寺的住持商量后临时借住在寺庙里。同为宰相的源乾曜请玄宗皇帝下旨让姚崇住到中书省的官邸，姚崇拒绝了同僚和玄宗的好意。后来他患了疟疾，卧床不起，无法上朝理事，玄宗皇帝命他搬入四方馆居住，姚崇还认为四方馆不是病人居住的地方，极力推辞，直到玄宗皇帝说让他住进来是为国家考虑，他才接受。

【评析】

上面的事例选自《新唐书》。这些故事揭示了姚崇之所以能历三位君主而不倒，得以善终，就是因为那是君主对他明是非、"不蔽恶"的回报。

武则天时期，姚崇被要求兼任夏官尚书时，他不是欣然接受，而是从公事的角度予以拒绝，这是他清楚人的本性，知道自己一旦兼任，就不免会因为是相王府长史而不能公平办事，而且就算是自己能公平处事，在他人眼中自己也有处事不公之嫌。因此他断然拒绝，足见他明是非，有责任心，有自知之明。而他的这一明是非之举，也让武则天看到了他的人品，更加欣赏和信任他，以至于在他得罪了武则天的男宠张易之后，武则天只是将他贬官，他得以保全了性命。

魏知古虽然是姚崇的学生，但是姚崇在魏知古到自己的府上辞行时，对其冷淡以待，就怕对方误解，做出徇私之事。然而魏知古没能领会到老师的苦心，或是领会到了，却碍于情面，最终替姚崇的儿子在玄宗皇帝面前美言，结果导致自己被贬官。面对受牵连的学生，姚崇不是为其奔走求情，而是承认自己的错误，自请罚，不蔽恶。这样的做法，让玄宗皇帝看到了他身上诚实、勇敢、负责任的可贵品质，于是玄宗皇帝保全了魏知古，同时也保全了姚崇，让姚崇继续任宰相。

无论是借住寺庙，还是拒绝住中书省官邸、四方馆，姚崇都以自己的行为表明了自己明是非的品格。而他的明是非，也得到了玄宗皇帝的肯定，最后以亲自下诏令让他住进四方馆的举动肯定了他。

总之，姚崇能成为"为政以公"的伟大政治家，与他能守住本分，明辨是非，处事"不蔽恶"有着极大的关系，而武则天、唐玄宗能对他信任有加，委以重任，是对他品行的认可，也是一种礼尚往来的行为。这就提示我们，无论处在什么样的位置上，都要清楚自己的身份和职责，都要守住自己做人做事的底线，就算是一旦做错了事情，也要及时承认和纠正错误，那么就会以自己的知礼守礼获得他人的尊重，也能为自己争取到更多的机会。

十七、看场合

【原典】

升车，必正立，执绥。

【简译】

上车时，一定先要端正站好，再拉住扶手的带子登车。

【评议】

这句话出自《论语·乡党篇》，强调的是上车的礼仪，即一个人在上车的时候一定要姿势端正，找到合适的助力登车。从人际相处的角度来看，它在提示我们，一个人要练就看场合做人做事的能力，就要清楚依据不同的场合调整自己的行为举止，从而赢得他人的尊重和以礼相待，进而在礼尚往来中结识更多的朋友，积累自己的人脉。

一个人的行为举止是社交中的无声语言，无声地将自己的性格、爱好、兴趣、生活习惯，甚至精神世界展示给他人。因此借助于一个人在不同场合中的行为举止，可以了解其素质修养。一个人倘若能依据不同的场合得体地调整自己的行为举止，不但会得到他人的欣赏和欢迎，吸引同声相契的朋友，甚至会获得更多机会。

唐代著名诗人张九龄，以其清秀的外貌、得体的举止赢得他人的欣赏和赞叹。据说张九龄总是衣冠整洁，举止得体，就是行在路上也给人风度翩翩的美感。就算是被贬谪期间，他也注重自己的举止，一举手一投足都能给他人沉稳自信与从容不迫的感觉。因此周围的人乐于与他相处，就连唐玄宗也对他格外偏爱，不仅每次朝会总是一眼就看到他，甚至连他故意在自己的寿宴上献上论述前世兴废、意在警示的《千秋金鉴录》当作贺礼，虽然心里不高兴，但还是褒奖了他。

可见，一个人良好的行为举止的确可以为自己加分，倘若人人都能依据不同的场合得体地调整自己的行为举止，那么就能在给人外在美感的同时还能让人看到其内在美，也就能获得更多人的尊重和欣赏。

战国时期魏国公子信陵君的行为举止很得体，他人给的评价是一个"礼"字。这一"礼"字就是说他能依据不同的场合调整自身的行为举止。比如在为贤士侯嬴举办的宴会上，他就能抛开公子的身份，"从车骑，虚左，自迎夷门侯生"。简单地说，就是他能亲自带着车马和随从去接侯嬴，并为侯嬴空出车中左边的上座。这样的行为举止不但与其举办宴会的目的相符合，而且让所有人看到了他对侯嬴的尊重，由此打动了侯嬴和天下贤士的心，换来了他们的忠心辅佐。

具体到现实生活中，我们如何用自己得体的行为举止表现自身的风度和修养呢？关键也在于一个"礼"字，就是能依据场合的需要合理调整自身的行为举止。比如在车站、机场、银行等公共场合，不但要保持安静和衣冠整洁，还要注意按相关的要求做事，要尊重他人的权利和隐私；在酒会、展会等商务场合，要根据主办方的要求和安排，合理调整自己的行为举止，比如他人说话时用肢体语言给予得体的回应，表达请求时礼貌地举手或举牌；在餐厅、饭店就餐时，要依据情境得体地摆放和使用餐具，注意细嚼慢咽，如果身边的人需要帮助，及时伸出援助之手，等等。

总之，在不同的场合行为举止得体，不但可以让自己感到轻松自在，也会让他人在与我们相处时感到轻松愉快，进而尊重我们，亲近我们，由此吸引更多的朋友，共同创设良性互动的交际圈。

【事例】

千古君子蘧伯玉

春秋时期卫国大夫蘧伯玉被誉为"中华德圣"、千古君子，他一生侍奉了卫国献公、殇公、灵公三代国君，以行为守礼、严于律己而闻名于世。

当时有一个规定，臣子乘车经过王宫时必须下车行礼以示对君王的敬意。但是每逢晚上，由于宫门紧闭，臣子就算不行礼也没人看见，大家通常都会选择直接驾车过去。但蘧伯玉始终坚守这一礼节，无论何时乘马车从王宫门口经过都要停车下来，恭恭敬敬地行礼，而后再上车离开。卫灵公执政期间，蘧伯玉同样如此。后来，卫灵公和他的夫人知道了，因此更加看重他，并对他委以重任，君臣之间的来往也更加亲近了。

蘧伯玉每天晚上都要在一个固定的时间独自静坐，检讨自己，深刻反省自己的言行。一次，吴国贵族季札到晋国出使，路过卫国，虽然白天已经和蘧伯玉聊过，但到了晚上，又想就一些问题请教他，于是就乘车赶到蘧府。开门人本想请他等一会儿，但听到声音的蘧伯玉知道是吴国季子来访，于是马上出来相见，和季札对坐讨论问题，直到对方的问题得到解决后亲自将他送到门前，目送他的马车离开。季札在离开卫国时，感叹地说"卫多君子，其国无故"，诸侯国也因此对卫国充满了敬畏之情。

蘧伯玉非常崇拜老子，曾跟随卫国国君到洛阳朝见周天子时见过老子，但可惜没能有机会和老子深入交谈。蘧伯玉六十岁时出使郑国，郑国的大夫子产安排他和老子见了一面。当子产将须发皆白的老子请进来时，蘧伯玉猛然站起来，上前拉住老子的手，激动地问对方怎么会在这里，随后就向子产表达了感谢。将子产送走后，他就和老子快乐地交谈起来。二人越谈越高兴，竟然谈到了半夜三更。

【评析】

从上面三个故事可以看出，蘧伯玉会依据不同的情境，以得体的行为表达自己的观点、态度和看法，并以其行为背后高尚的品德和修养打动他人，吸引他人，从而留下一个又一个关于他的故事。

礼法规定，臣子经过宫门口要下车行礼以示对君王的敬意。白天有人监督的时候，要做到这一点很容易；到了晚上没人看见的时候，还能像蘧伯玉这样自觉守礼就很难得了。蘧伯玉之所以能白天夜晚保持相同的行为举止，关键在于他清楚王宫是君主居住之所，在这样的场所纵然没人监督也要遵循臣子理应遵循的行为举止，以表达对君王的恭敬之情。而他这一恭敬的行为也让卫灵公看到了他的品行，从而更加信任他，重用他，君臣之间的关系也因此更加亲近。

季札是吴国人，途经卫国来拜访，于蘧伯玉而言就是客人。当季札深夜到蘧府拜访时，蘧伯玉打破了自己的规矩，以待客之礼接待对方，不但亲自迎接，对其以礼相待，而且在双方热烈交谈后亲自将对方送到门口，目送对方的马车离开。因为是在自己的家中接待对方，蘧伯玉就以待客之道接待对方，无论是亲自接待还是亲自相送，都让对方感受到了自己的君子之仪，而对方发出的"卫多君子，其国无故"的感叹，无形中在诸侯中树立了卫国礼仪之邦的形象，提升了卫国在诸侯中的地位。

蘧伯玉是老子的崇拜者。二人相见时，蘧伯玉的表现也符合了一名粉丝的表现。比如站起来，走上前拉住老子的手，其行为符合当时的情境，让对方感受到了他的热情和喜欢，当然对方也受其感染给予相应的回应，从而促成二人的热烈交谈。

总之，在人际交往中，要促成良好的交往的达成，就要关注所处的场合，在坚持知礼守礼的同时，依据场合调整自身的行为举止，以此传达自己的情绪和情感，感染对方，唤起对方的共鸣，为开启良好的人际交往送上钥匙。

态度显「礼」

第四章

　　《礼记》说："夫礼者，自卑而尊人。"这句话强调人际交往中待人的原则之一，就是要在态度上坚持一个"礼"字，无论何时都能在认清自己的身份、位置的同时，行为上保持得体的距离，尊重他人，体谅他人，言语上做到"良言一句三冬暖"。这种对他人以礼相待的态度，就会赢得他人的温暖相待，双方的联系因此由低频到高频，情感从浅到深。

推己及人，熟不逾矩

十八、尊重他人

【原典】

己所不欲，勿施于人。

【简译】

自己不想要的或不愿意做的，就不要强行施加给他人。

【评议】

这句话出自《论语·颜渊篇》，意在强调要促成良好的人际关系的形成，就要在与人相处时能设身处地地为对方着想，与之相处不强迫、不强加，充分尊重对方。

孟子曾说过："爱人者，人恒爱之；敬人者，人恒敬之。"这句话正好说明了人际相处中尊重他人的重要性。一个人如果在与他人交往的过程中能够用以礼相待的态度表达对他人的尊重和理解，那么就会得到对方的尊重和理解。而要达到这样的效果，就需要我们在人际交往中坚持"己所不欲，勿施于人"的原则，以此让对方感受到尊重。

首先，用认真的态度表达尊重。比如在与人交流的过程中，在对方表达观点或看法时，就算是与自己存在分歧，也要认真倾听，用点头或微笑等方式，对对方精彩的发言给予认可和赞赏，将自己的尊重传达给对方，从而温暖对方的心灵。

其次，用接受的态度表达尊重。很多时候，面对同一个问题，不同的人会依据自己的实际情况做出适合自己的选择。如果此时能看到对方选择的合理性、闪光点，尊重对方的选择，而不是以自己的标准对对方的选择妄加评价，甚至出言阻止，那么对方就会因为被肯定而感受到尊重，从而愿意接受我们，亲近我们，为后面的进一步沟通打下基础。

最后，用温和的态度表达尊重。一些人之所以不受欢迎，不能被他人温柔以待，关键就在于不尊重他人的劳动成果，比如对家人辛苦做出的美食挑三拣四，对同事精心做出的计划品头论足，对领导的相关决策说三道四。这些都是不尊重他人的表现。会唤起对方不愉快的体验，进而影响人际关系的融洽。

总之，倘若一个人在人际交往中能够用真诚、谦虚和温和的态度对他人以礼相待，他人就乐意与我们接触和来往，最终双方都会因"爱出者爱返，福往者福来"的原则获得更多的爱与尊重，得到更多的善待，从而收获愉快的人生。

【事例】

越石父请绝

晏婴是春秋时期齐国的大夫，历任齐灵公、庄公、景公三朝，被誉为"齐国第一贤人"。不过，贤能如晏婴，也因与人交往过程中态度不够尊重差一点儿失去朋友。这位朋友就是越石父。

晏婴是在一次出使晋国的路上和越石父相识的。当时的越石父是别人家的奴仆，正背着一捆喂牲口的草坐在路边休息。晏婴看到他虽然头戴破帽子，反穿皮袄，一副奴仆的打扮，但是有着不同于一般奴仆的气度。晏婴很好奇如此气度不凡的人怎么会流落到这样的地步，于是就下车和他交谈起来。通过交谈，晏婴知道越石父是一个很贤德的君子，就本着惜才之心用一匹马替他赎身，并邀他同乘回家。在回家的路上，晏婴虽然和越石父同乘，但没和他进行任何交流，到家之后更是没有向越石父告辞就径直回了自己的房间。此后在很长一段时间内，晏婴忙于自己的事务，没和越石父沟通。不久，晏婴就听说越石父要与他绝交，于是生气地责备越石父恩将仇报，是忘恩负义之徒。越石父则表达了对晏婴的失望之情，说自己将晏婴当知己，晏婴却在共乘一辆车时不和他说话，将他带回府上后置之不理，这样的行为和那些把他当奴仆看待的人没有什么区别。晏婴听了越石父的话，认识到自己确实对他不够尊重，没有顾及他的感受，于是不但立刻向他道歉，还在打扫好的房间中盛情款待他，把他奉为上宾，用行动表达自己的歉意。越石父从晏婴的言行举止中看到了他的诚心悔过，就留了下来。此后，二人互相帮助、互相尊重，成了知己好友。

【评析】

这个故事出自《晏子春秋》。从故事可以看出，越石父之所以向晏婴提出绝交，就是因为晏婴在把他带回家后，没有对越石父以礼相待，给予相应的尊重。

初见越石父，晏婴被对方的气度吸引，并在交谈后果断决定为其赎身，甚至邀请共乘，将其带回家中，这说明越石父虽然地位低下，其举止言谈必定反映了他过人的素质和修养。这样的人如果没有感受到对方给予的真诚、理解和尊重，是不可能轻易付出信任，将他人视为知己的。而当时的晏婴的确做到了设身处地地替对方着想，感同身受地理解对方的痛苦，并尽自己所能帮助对方，这是对他人人格的尊重，正是这种尊重打动了越石父，他交出了自己的信任和真情。这正是友谊形成的基础。

此后由于晏婴没有做到"己所不欲，勿施于人"，与越石父同乘时一言不发，到家后不告而别，甚至在相当长的一段时间不与对方交流，这些行为都表现了他对越石父的轻慢和忽视，是没能平等对待对方，没能设身处地地理解越石父的心情，对方因此感受到了不被尊重和认可，继而产生错误付出信任和真情的感觉，当然做出与其绝交的决定。这同样也是一种礼尚往来的行为。

等晏婴弄清楚原因后，能做到自我反省，认识到自己的失礼之处，并果断承认错误并用行动加以改正。他用真诚的话语和行为向对方传达了自己的歉意和诚心的挽留，而对方也在感受到满满的诚意和被尊重的喜悦后，内心的愤懑彻底消失，原谅了他。由此二人得以重归于好，友谊得以延续。

由此可见，人际交往过程中，尊重是促成良好的礼尚往来关系形成的基础，而真诚的态度更是打动人心的关键，尤其是在双方发生矛盾的时候。所谓"人非圣贤，孰能无过"，人际交往中一旦自己做出了影响关系的行为，就要借助于足够真诚的话语和实际行动将惭愧和后悔之意传达给对方，而对方一旦从我们的言行中感受到了真诚，看到了悔意，通常都会原谅我们，重新接受我们。当然，这期间需要我们付出足够的耐心才能让对方重新接纳我们，并在此后的相处中注意反省，不再重蹈覆辙，毕竟不是所有的关系都能经得起错误的考验。

十九、行为守界

【原典】

无多事，多事多患。

【简译】

不要多管闲事，多管闲事一定会招来许多麻烦。

【评议】

这句话出自《孔子家语·观周》，意在告诫我们在日常生活中要做好自己分内之事，不要多管闲事，以免给自己招来麻烦。换个角度来看，这种看似明哲保身的态度，其实是一种尊重他人的处事态度，是一种做人做事的守界行为，意在以此向对方表明自己的尊重之意。

所谓多管闲事，是指过多地插手与自己无关的事情，是对他人主导的事情的干预，破坏了人际交往中的平等原则，是越界之举。从本质上看，这样的行为的背后是轻视和不尊重他人的态度，当然也就无法获得对方的尊重，自然无法促成良好的人际关系的形成，最终直接损害自己的利益。

《水浒传》中身兼八十万禁军教头和郑州团练使二职的王文斌，奉命将征辽的梁山大军的补给送到后，看到梁山大军连连被辽军打败，于是不顾宋江的劝阻，披挂上阵，结果死于辽将刀下。这个王文斌就是被自己的多管闲事害了。其实，完成送补给的任务是他的本分，上阵杀敌是梁山将士的职责。从小说中王文斌的心理描写"我不就这里显扬本事，再于何处施逞？"一句可以看到，这一多管闲事之举的背后是看低他人、好表现自己、骄傲自大的思想在作祟，这是不尊重梁山将士、随意插手别人主导的行为，结果不但影响了关系，还自食了恶果。

狄更斯说："最好的礼貌，是不多管闲事。"在人际关系中，一个不多管闲事的人懂得每个人的生活轨迹不同，其价值观也不同，因此不会将自己的价值观强加给他人。除非当事人主动请求，他们不会轻易插手别人的工作和生活。这种看似不管闲事的冷漠的背后，是对人对己的尊重态度，当然也会因此获得他人的尊重，为自己做人做事创设了良好的环境。

因此要促成良好的人际关系的形成，让他人愿意与我们礼尚往来，不妨在与人交往时态度"冷漠"一些，只做符合自己的身份和职责之内之事，不越界妄加干涉他人的事情。

如何做呢？那就是要坚守两个字——守界，就是把握好人际相处的界限，只做界内之事。正如王小波所说："一个人活在这世界上，第一就是要好好做人。"当我们能守住自己的界限，尊重他人的界限，做好自己分内的事情，不该管的不管，不该说的不说，这就是好好做人。一个好好做人的人，人缘不会太差，人际关系不会太差，运气当然也不会太差。

【事例】

杨修之死

东汉末文学家杨修是一个很有才华的人，但是他身为下属却多管闲事，频频越界，最终落得个身首异处的下场。

当初，曹操去视察让人建造的花园后，只在花园门上写了一个"活"字就离开了。主簿杨修认为"门"添"活"字就是"阔"，就是说曹操嫌花园的门造得太大了，于是杨修不经汇报就出言提醒主管人员，让他们重新建造了园门。这一多管闲事的误解或破解曹操用意的行为表现了他的妄自尊大和对上司不尊重的态度，让曹操感到不舒服的同时，也对他产生了厌恶之情。

一次，塞北进贡给曹操一盒点心。曹操在盒子上写了"一合酥"三个字后就放在了案头。杨修问都没问曹操就直接和大家将点心分吃了。虽然他猜中了"一合酥"三字的意思是"一人一口酥"，让大家把点心分吃，但这种多管闲事、自作主张、不告而取的轻慢态度让曹操如鲠在喉，更加讨厌他。

曹操疑心很重，总害怕有人暗杀自己，于是常常对随身侍卫说自己做梦的时候喜欢杀人，并告诫他们千万不要在他睡着时靠近。结果一次曹操白天在营帐中睡觉，一个侍卫想将滑到了地上的毯子捡起来给曹操盖上，却被他跳起来杀了。虽然醒来后的曹操痛哭失声，命人将侍卫厚葬，但杨修却在侍卫下葬时叹息"丞相非在梦中，君乃在梦中耳！"言外之意是曹操是故意杀人，而不是梦中无意杀人。他的一番多管闲事之言道出了曹操行为的真相，他忘记了敬畏曹操这个上级，这也加深了曹操对他的厌恶之情。

等到杨修插手世子之争，教曹植应对曹操的技巧、为其准备应答的标准答案等事被曹丕揭穿，曹操就不只是厌恶他，而是开始对他萌生了杀意，杨修的多管闲事等于主动为曹操送上了刀。

等到曹操在外领兵作战、陷入进退两难的境地时，由于曹操随口用"鸡肋"二字做了夜间的口令，杨修就立刻吩咐随行士兵收拾行装。夏侯惇问他原因，他也直言相告，声称丞相将"鸡肋"定为口令就是要撤退，因为鸡肋鸡肋，吃起来没有肉，丢了又可惜，正与如今的形势一模一样。于是夏侯惇也让自己营中的将士收拾行李准备回朝。夜间巡营的曹操得知军中将士都在收拾行装的原因后，就以扰乱军心的罪名将杨修斩杀了。

【评析】

这是《三国演义》中的一个著名的故事。故事的主角杨修是一个名副其实的多管闲事之人，而他的多管闲事犯了人际交往的大忌，最终影响了他和曹操的关系，为自己招来了杀身之祸。

首先，在改造花园门和"一合酥"这两件事中，杨修的多管闲事体现在未经上司授权就随意插手他人的事情。实际上，曹操无论是在门上写字还是在点心盒上写字，一方面是为了享受和下属之间猜猜猜游戏的快乐，让下属感受到丞相的亲民；另一方面以此显示自己的聪明才智，让下属认识到丞相的高明。可是杨修的多管闲事让曹操不但没能享受到被仰视和被感恩的快乐，而且还让其产生了被猜中心思很不痛快的挫败感。人际关系中，最令人厌恶的行为之一的是剥夺了他人享受快乐的机会，最伤人的行为之一是让人感到技不如人。这样的人，不但不会受到他人的欢迎，而且不会被他人真心相待，结果只能是被他人忌恨。

其次，在梦中杀人一事上，杨修不仅仅是揭穿了曹操故意杀人的真相，更撕下了对方辛苦营造的好上司人设。曹操之所以声称自己梦中会杀人，一是为了警告身边人不要对他动杀心，二是为自己一旦杀人找一个很好的借口，避免下属认为他为人虚伪、草菅人命。杨修的多管闲事，毫不留情地当众揭穿了曹操的谎言，这已经不是不顾忌曹操内心感受的问题，而是破坏曹操的形象，是对他身为丞相的威信和尊严的冒犯，杀之而后快的种子此时就开始在曹操心中萌芽了。

最后，在曹丕与曹植兄弟二人的争斗中，杨修也狗拿耗子——多管闲事，尤其是为曹植准备好标准答案的举动，仿佛在告诉曹操自己对他了如指掌，明晃晃地表达了对曹操的轻视，这就导致曹操对他的厌恶指数直线升级，于是借"鸡肋"事件，曹操杀他以泄心头之恨。

杨修能成为曹操的主簿，必定是其得到了曹操的欣赏，二人之间也一定有着相对和谐的关系。可惜时过境迁，杨修就在多管闲事中不断越界，一步一步触及曹操的底线，不断破坏着二人之间的关系。杨修的行为表达的是对曹操的轻视和不尊重，暗含对自己的盲目自信以及妄自尊大的做人做事的态度，这样的态度必定会影响他和曹操良好的关系，最终导致关系的破裂。

总之，与人交往，要有清晰的界限感，秉承除非当事人主动请求、否则不多管闲事的态度，守住自己的行为边界，表达对自己和他人的尊重，以此换得他人对自己的尊重，因为一旦关系中一方的越界行为触及了对方的做人做事的底线，关系的破裂就是必然的，而破坏关系的人自然就要承担本可以规避的后果。

二十、言语得体

【原典】

无多言，多言多败。

【简译】

不要多说话，话多过失就多。

【评议】

这句话出自《孔子家语·观周》，意在强调与人交往过程中要管住自己的嘴巴，说话要有分寸，这是一种自律的行为，也是一种得体的处事态度。

鬼谷子曾说："言多必有数短之处。"意思是说，与人交流，说话太多避免不了说错话，得罪人，进而影响了双方的关系，让人找到漏洞。因此要创设良好的人际关系，就要学会体贴他人的情绪，凡事看破不说破，管住自己的嘴巴。

五代末北宋初时有一个叫陶谷的人，他特别有才华，历后晋、后汉、后周、北宋四朝却宦海沉浮，原因就是这个人总是管不住自己的嘴巴。北宋时他供职于翰林院，觉得大材小用，就以自己有本事为由向宋太祖自荐。没想到，宋太祖认为那个职位很适合他，陶谷特别生气，就写了一首诗抒发愤懑之情，在自嘲的同时讽刺宋太祖不识货，不能唯贤以用。结果宋太祖获知后大怒，对他从此终身不重用。

陶谷没能管住自己的嘴巴，落了个"终身不重用"的下场，如果他能在遭到拒绝时，安于工作，接受现实，继而用自己的文采向对方证明自己是可堪大用的，那么就等于用顺从而恭敬的态度向宋太祖表白了自己，假以时日何愁对方不能给他机会，让他施展才华呢？遗憾的是，他没能意识到"祸从口出"这一道理，不以恭敬的态度对待被拒的事实。

可见，在人际交往中，无论身处怎样的环境都要管住自己的嘴巴，体察他人的心理，做到说话掌握尺度，以此让他人看到自己的智慧和人品，从而愿意与我们交往。

首先，不该问的不问，不该提的不提。在与人交往时，如果发现对方不想谈某个人、某段经历或某个话题时，就要尊重对方的感受，对这些内容闭口不谈，更不要在对方不想谈时穷追不舍，而是选择一些双方都感兴趣的话题去聊。这是对他人的隐私和情感的尊重，是对他人的心情的体贴。这种能管住嘴的自律，能帮助你获得他人的信任，他人就会愿意与你交流、分享信息，从而使你掌握相关的资源，并在合理运用后成为自己的成长助力。

其次，得理要饶人，嘴下留德。人际相处中一个体贴他人的人，总能在体察到他人的心情不佳时及时闭嘴，就算是对方出言不逊，也不会牙尖嘴利地还击，故意揪着对方的错处不放，而是点到为止，做到得饶人处且饶人。这样一来，对方就会从中感受到你宽容大度的态度，感动于你的善解人意，从而愿意与你交往。

总之，人际交往中要让对方感受到我们的体贴，就要注意在说话时多考虑他人的感受，在说话前先在脑子里转一转，确定不会引起他人的误会后再说出来；说话要细斟酌、有分寸，如此才能把话说到他人的心坎上，让对方感到熨帖，让语言发挥"良言一句三冬暖"的效果，进而让你的体贴的话语促成良好的人际关系的形成。

【事例】

"三国喷子"祢衡

东汉末名士祢衡，自小就能言善辩，性情孤傲，喜欢对人和事发表自己的看法，在面对上级时也不知收敛，说起话来总是口无遮拦，一点不考虑对方的感受，结果给自己招来了杀身之祸。

曹操从孔融那里知道祢衡很有才华，于是就多次邀请祢衡一见。但祢衡觉得曹操是窃国奸臣，非常厌恶他，先是以生病为借口拒绝对方的邀请，继而在故意得罪对方后手执三尺长的大杖坐在营门口大骂曹操及其先祖。曹操虽然恨不得杀了他，但是为了不影响自己的形象就将他打发到了刘表那里，想借刘表的手除掉他。

刘表原本就久仰祢衡的才名，因此对他非常尊敬，就连写的文章都要问问祢衡的意见。一次，刘表将草拟的奏章拿给祢衡看，想听一听他的意见。祢衡接过奏章扫了一眼就声称用词不够严密，还把奏章撕碎扔到地上。后来，祢衡又多次出言侮辱刘表，刘表在忍无可忍的情况下，本着眼不见为净的态度，将他送到江夏给黄祖当助手。

祢衡初到夏口因为经常协助黄祖处理文书，黄祖对他真心相待。但是时间久了，祢衡那口无遮拦的毛病又犯了。一天，黄祖和祢衡一起喝酒，两人都喝醉了。黄祖问祢衡："你在许都待过，那里都有哪些人才呢？"祢衡说："大儿孔文举，小儿杨德祖。除此二人，别无人物。"黄祖又问："那你觉得我怎么样，算得上人才吗？"祢衡大放厥词："你就像庙里的神仙，虽然受着祭祀，但是什么用都没有。"黄祖十分生气，本想杖责他一顿以示教训，没想到祢衡不仅不认错，还继续破口大骂，于是黄祖一气之下就直接把他斩杀了。

【评析】

这个故事出自《三国演义》。从故事中我们可以看出祢衡说话可谓随心所欲、口无遮拦，根本不顾及别人的感受，没能做到礼尚往来，最终因为多话无礼而送掉了性命。

常言道"打人不打脸，说人不说短"，在与曹操的相处中，祢衡不仅在得罪对方后不示好，甚至在营门口举杖大骂，这是根本没顾及对方的身份和地位，更不曾考虑到曹操的感受，是完全不留情面的打脸行为，如此不尊重、不得体的行事方式，难怪曹操将其送到刘表处，想借刀杀人。

等到了刘表处，面对着对自己恭敬有加、诚心相待的刘表，祢衡不仅态度轻慢，更是"多次出言侮辱"，同样不顾及对方的身份、地位，不考虑对方的感受，而是想怎么说就怎么说，想什么时候说就什么时候说。幸运的是，刘表以德报怨，将他送到了黄祖那里，希望他可以发挥自己的才华。

在黄祖那里，祢衡得到了施展才华的机会，理应心存善意和感激。事实不然，他同样没能管住自己的嘴，在黄祖问他自己算不算人才时，大放厥词，让黄祖下不来台。黄祖斥责他，他直接骂回去，结果彻底激怒黄祖，换来杖责。如果这时祢衡能够闭上嘴，顶多就是被打一顿，但他偏不，继续破口大骂，终于惹得黄祖下令将他处死。

综上可见，祢衡不但在人际交往中没能遵循"无多言"的原则，而且还在说话时不体贴他人的感受，不顾及他人的颜面，抓住别人的痛处骂个不停。这样的人际相处方式，天长日久换来的当然是"礼尚往来"——先是曹操借刀杀他，后是刘表敬而远之，最后是黄祖杀之而后快。

由此观之，要获得良好的人际关系，在说话的时候就不能图一时痛快，口无遮拦，而是能体察他人的心情，本着与人为善的态度交流，本着解决问题的原则沟通，本着得饶人处且饶人的方式适时闭口，点到为止，切记，涉世以慎言为先。

二十一、待人宽和

【原典】

祥风常自善心来。

【简译】

一个人一心向善，就会有好风吹来。

【评议】

这句话出自宋代邓林所作的《题刘功父与耕堂》一诗，前半句是"甘雨每从和气出"，两句连在一起比喻一个人倘若一心向善、待人和气，就算去种田都会遇上风调雨顺的好年景。这句诗提示我们，在人际交往中如果心存善意，宽和待人，那么他人自然会主动与我们结交。

人生而不同，每个人都有自己的特性，要想与不同的人搞好关系，最好的方法就是宽和待人。宽和待人，指的是在人际交往中能够包容对方，不斤斤计较，不吹毛求疵。这样一来，他人与我们相处时就能感动于我们胸怀的宽广，就能时时刻刻感受到善意，进而愿意向我们靠近。反之，一个人为人处世过于苛刻，则会令人敬而远之。

还记得廉者不受嗟来之食的故事吗？春秋时期齐国贵族黔敖施舍食物可能原本是出于怜悯助人之心，然而他的一句"嗟！来食"让他人感受到的不是善意，而是屈辱，结果一个路人宁愿饿死也不吃。

黔敖本能救人一命，却屈辱了需要帮助的人。这个故事提示我们，要想给他人留下美好的印象，以此获得他人的真心相待，进而促成礼尚往来的人际关系，那就要在与人相处时要与人为善、宽厚待人。我们在实际的工作和生活中要做到宽和待人，不妨从以下两方面入手：

首先，要学会换位思考，在顾及个人利益的同时，还要顾及他人的利益，比如同事相处时看到对方有困难，要在力所能及的范围内给予帮助，体贴对方；与他人发生分歧时要尊重他人的观点、价值观和生活方式，从对方的角度出发与之沟通。

其次，要学会忘记。简单地说，就是不要记仇。人与人相处产生矛盾是不可避免的，如果因为对方曾得罪过自己就一味地记住对方的不好，甚至因此而与之老死不相往来，结果只能给他人留下"小心眼"的印象，使他人对我们敬而远之。不妨在人际相处中学会记好不记坏，这样一来，不但可以让自己活得轻松，而且还因为自己的宽容大度赢得他人的尊重，进而促成自己的好人缘。

当然，宽和待人并不代表毫无原则地接纳和包容，而是要有底线地选择适度退让，使他人明白你做人做事的原则和底线，并因此更加敬重你的为人，从而对你心生好感，愿意主动拉近双方的关系，与你礼尚往来。

【事例】

宰相肚里能撑船

一代名相诸葛亮死后，蒋琬成为蜀国宰相，在他执政的十二年里，他凭着宽容待人的品格，成为当时官员的表率。

蒋琬接替诸葛亮成为宰相后，他府中的督农官杨敏私下吐槽，说蒋琬"做事糊涂，比不上前任"。后来，这句话传到了蒋琬耳中，司法官觉得杨敏的话太无礼了，应该治他的罪，但是蒋琬说："杨敏何罪之有？他只是实话实说罢了，我本就比不上我的前人。"接着蒋琬又感叹道："天下人都知道诸葛丞相威震八方，我怎么比得上他？我其实没多大才干，却被委以丞相之职，怎么会事事处置妥当？处事不当，不就是糊涂吗？由此看来，杨敏骂得对啊。"后来，杨敏犯事入狱，人们都觉得蒋琬会趁此机会除掉他，但是蒋琬根本就没有这么做，而是秉公办理了这个案子，最终杨敏只是得到了他应有的惩罚。

蒋琬的部下杨戏为人坦诚直爽，从不随意说别人的好话或坏话，即使面对蒋琬也不愿曲意逢迎。蒋琬与他交谈的时候，杨戏总是默不作声。有人乘机向蒋琬进言说："您位高权重，就连后主都要对您谦让几分，可您和杨戏说话时，他居然不理您，简直目中无人。如果这样都不治他的不敬之罪，岂不是太过宽容了？"蒋琬听了，耐心地解释说："每个人的思想不同，如果一个人当面对你表示顺从，背后又说你的坏话，那才是需要防备的。而据我所知，杨戏从不违心地奉承别人。我说的话也不是句句都对，硬要让他赞许我，可能不是他的本心；让他反对我呢，他又不忍心让我难堪，所以他就什么都不说了。而我通过观察他的态度，就能发现自己的不足，这不是很好吗？我为什么要治他的罪呢？"此人听后十分感动，说："您真是宽和大度，有容人之量！"

当初，杨仪曾是诸葛亮去世后宰相的热门候选人之一。等发现仕宦资历和才干都不如自己的蒋琬竟然成了宰相，自己以后要位居他之下，杨仪就暗恨不已。他曾对大臣费祎说："丞相刚刚去世的时候，如果我带领蜀军投降魏国，肯定能博出一个好前程，哪里会像现在这么落魄啊！"后主刘禅知道后勃然大怒，下令将杨仪逮捕入狱，打算等审问明白之后就把他杀了。蒋琬听说后赶紧出来求情："杨仪胡言乱语确实不妥当，不过请您念在他追随丞相多年，立下不少功劳的份上饶他一命。"得知此事后，自私自利的杨仪终于明白了诸葛亮选择蒋琬的原因——他待人宽厚，有容人之量。

就这样，蒋琬一直秉持宽和待人的态度，与人为善，不管是什么性格的人都能被他接纳，久而久之，蒋琬的拥护者越来越多，而且都非常敬重他。

【评析】

这个故事出自《三国志》。从故事可以看到，蒋琬之所以能在诸葛亮之后获得君心、同僚心和民心，关键就在于他处事的宽和，正是这种宽和如春风化雨一般滋润人心，赢得了众人的敬爱，促成良好的人际关系的形成。具体来说，蒋琬的宽和待人表现在如下几方面：

一是容人之言。杨敏私下说蒋琬比不上诸葛亮，蒋琬知道后不仅不怪罪，还夸他说得对。由此可见，蒋琬十分懂得人际交往中尊重他人的原则，而且具有容人之量，能够包容对方不太妥当的表达方式。

二是容人之行。杨戏不善言辞，在蒋琬问话的时候总是沉默不语，别人觉得他这样做是对蒋琬的不敬，但蒋琬却理解他的用心，不会觉得自己被冒犯。由此可见，蒋琬在与人交往的过程中非常能够体会别人的感受，具有同理心和包容心。

三是容人之过。杨仪口出狂言，为自己招来杀身之祸。作为被他看不起的蒋琬，只需要冷眼旁观即可见证对手的下场，但他没有这么做，反而为杨仪求情，使其免于一死。由此可见，蒋琬在人际交往中能够做到原谅他人的过错，宽以待人，最终赢得他人由衷的敬重。

总之，从蒋琬身上可以看出，在人际交往中倘若能做到宽和待人，对于促成礼尚往来的人际关系至关重要。在现实的工作、学习和生活中，不妨学着像蒋琬一样，用一颗包容的心与人相处，如此一来，对方就会以善意还以善意，于是在礼尚往来中我们就收获了良好的人际关系。

二十二、适度关爱

【原典】

朋友数，斯疏矣。

【简译】

与朋友交往太过频繁，反而会被疏远。

【评议】

这句话出自《论语·里仁篇》，强调朋友相处时要适当保持距离，以免因为过度干预而惹人厌烦，进而被朋友疏远。将这句话推而广之到人际交往中，其实就是说明了人际交往中要把握一个"度"，无论说话做事都要有尺度，有界限。

寒冷的冬天，两只刺猬太冷了，就商量着抱团取暖。想到就做，它们马上热情地奔向对方，结果距离太近都受了伤。最后经过多次尝试，它们发现拉开一定的距离，不仅可以互相取暖，而且还不会伤到对方。

这是德国哲学家叔本华提出的"刺猬效应"的内容。这一理论论证了在人际交往中注意"度"的重要性。

现实生活中，我们每个人都是一只极具个性的刺猬，每个人都拥有自己的生活，都拥有一个只属于自己的空间。因此不管是亲人、朋友，还是同事，如果在相处的过程中不注意保持一定距离，时间久了就会因为靠得太近，导致互相伤害，结果反而促成关系的疏离和情感的淡漠。因此人与人之间要做到礼尚往来，就要在相处时保持一定的距离，在给予对方尊重的同时，也要让对方知道自己的原则和底线，从而自觉尊重我们，由此促成相互尊重的人际关系的形成。

一方面，我们在与人相处时要注意双向觉察，弄清楚双方的需求、价值观和底线，并在相处初期就用坚定的态度和言行传达给对方自己的底线，为双方相处划线；另一方面，要在与人相处时自觉规范个人言行，为自己设界，做到不过分"热心"，既不打着关心的旗号打探对方的隐私，也不交浅言深，说话没轻没重，让对方感觉被冒犯，也不因为熟不拘礼而对对方指手画脚，而是在察言观色和审时度势中给予适时适度的关心和帮助。

《庄子·山木》中有云："君子之交淡如水，小人之交甘若醴。"总之，倘若在与人交往时做到有度，守住人际交往的底线，做到用距离来节制爱，用真情来保持心灵相通，如此一来就会交到真正的朋友。

【事例】

鲁智深与宋江恩断义绝

宋江带领梁山好汉归顺朝廷之后，就领命率领大家前去讨伐方腊起义军。经过一番厮杀，梁山好汉取得了辉煌的战绩，尤其是鲁智深，因为活捉方腊成了这场战役的大功臣。在庆功宴上，一直期待有朝一日能够建功立业、封妻荫子的宋江，面对大好的局面，于酒酣饭饱之际，向之前反对招安的鲁智深发出邀约，希望他能和大家一起回京受赏。

为了说服鲁智深，宋江详细描述了当官的好处，比如能光耀门楣、让父母脸上有光、自己能建功立业等。宋江满面红光地讲述着自己构想出来的美好前景，甚至还说只要鲁智深放弃出家身份，就为他安排一桩好婚事，让他娶妻生子过上美好的生活。然而，鲁智深想都没想就拒绝了，他说自己对名利权势没有兴趣，更不想成家，只想一个人清清静静地过一辈子。

听了鲁智深的话，宋江虽然倍感失望，但是自认为一心为了兄弟，决不能就此放弃，于是又开始了第二次劝说。宋江说如果鲁智深执意不愿还俗，可以找个寺庙做住持，这样也能为家族增光，使父母感到安慰。但是鲁智深还是拒绝了，因为他早就看透了现在的朝廷，不对其抱一丝希望，他甚至直接对宋江说，一旦自己返回京城只有死路一条。

宋江对鲁智深的这番说辞非常不认同，因为在他看来带领梁山好汉接受招安是他一生中做过的最重要也最正确的决定，于是第三次苦口婆心地劝说鲁智深跟随自己回京，甚至许下承诺，说朝廷肯定会厚待他。

但是任凭宋江说出花来，鲁智深仍不改初衷，坚决拒绝回京送死。看着宋江露出一副痛心疾首的模样，鲁智深深感自己与他已经不是一类人了。"当断不断反受其乱"，鲁智深想清楚以后，深吸一口气，对宋江直言自己如今万念俱空，只想找个清静的地方生活，兄弟情至此恩断义绝，天明之后各奔前程，再无瓜葛。

宋江闻言大受打击，再三挽留鲁智深无果，只能被动接受他的离开。

【评析】

这个故事出自《水浒传》。从故事内容可以看出，即使如鲁智深与宋江一般曾经是有着过命交情的兄弟，因为在交往过程中失了分寸感，结果也落得伤了感情，疏离了关系。

分析故事可见，宋江的"无度"表现在方方面面。首先，宋江的关心无度。宋江与鲁智深之间的关系是兄弟，是战友，而非长辈与晚辈。宋江为了让鲁智深与自己一同回京，画的饼之大不仅囊括了事业和前程，还涉及家庭与婚姻等私人话题，明显关心过度，让人感到被冒犯，被控制。其次，宋江的劝说越界。宋江在自己的提议被拒后，不仅没有及时打住改换话题，反而苦口婆心地进行第二次、第三次劝说。这就是没有分寸感的表现。如果谈话的一方已经明确表示拒绝，

　　甚至对某一话题失去兴趣，我们就应该尊重对方的选择，适可而止，而不是强行推荐，将对方的耐心彻底耗尽，使两个人的关系变僵。最后，宋江的热情过度。宋江之所以不停地劝说鲁智深，是因为他觉得自己的想法是正确的，是在为鲁智深考虑，但他忘了一句话——"甲之蜜糖，乙之砒霜"。你所喜欢的，也许正是别人所厌恶的。在人际交往中，我们要提醒自己少用自己的想法去揣测他人，多关心别人真正的需求，言行适度，保持恰当的距离，这样才能收获真正的朋友。

　　由此可见，要促成良好的礼尚往来的人际关系，就需要我们在与人相处时注意保持自然而舒适的距离，一方面会因为距离感受到对方的美好，另一方面也让对方因为我们的有度而感受到我们的尊重和敬意，从而为彼此留下自由呼吸的空间和情感加深的余地。

二十三、共频共情

【原典】

事君数，斯辱矣。

【简译】

侍奉君主进谏太多，反而会招来羞辱。

【评议】

这句话出自《论语·里仁篇》，意在告诫做臣子的，在与君主相处时要特别重视礼节，尤其是在给他们提意见时，一定要懂得适可而止。

怎样才算适可而止呢?《礼记·曲礼下》说："为人臣之礼，不显谏。三谏而不听，则逃之。"意思是说，作为臣子的礼节是不当众直言进谏，劝谏了三次君主还是不听，臣子就可以离开了。

春秋时期，北方的戎国要攻打曹国，曹国国君想亲自领兵作战。曹国大夫曹羁就进谏，指出戎国人多且都是不讲道义之辈，国君就不要以身犯险了，可是曹国国君不听。曹羁在先后进谏了三次后发现国君仍旧不为所动，就干脆什么也不多说，直接逃到陈国去了。果真后来曹军被戎人打败了。这是《公羊传》中的一个故事，故事的主人公曹羁在对国君劝谏了三次无果后就适可而止，及时逃离了。一方面，他是在尽到了自己的职责，为国君分析了形势，进行了提示，仍然无果后的逃离；另一方面，他的逃离是在坚守了君臣之礼无果后的逃离。

或许在一些人眼中，曹羁是在敷衍了事，没能做到全力以赴。那么我们就来看一看，倘若曹羁全力以赴，像很多历史上的老臣一样一哭二闹三上吊，结果又会如何呢？如果臣子做出这样的行为，就算是为了国家、君主好，但这都代表着他们已经在指挥君主，强迫对方按他们的意志行事。这样的做法，一方面，会引发国君的反感，让他们每每想起这件事就会如鲠在喉，势必会找机会将情绪发泄出来；另一方面，会让臣子尝到进谏的甜头，进而在不知不觉中养成越位的习惯，天长日久，君臣之间就会离心离德，融洽的关系不复存在。

当然，现代职场不存在君臣之分，但上下级之间的关系处理是否得当，会直接影响良好人际关系能否形成。尤其是身为下属，倘若不能获得上司的青眼，不仅升迁无望，而且可能会影响个人收入。聪明的下属不妨牢记适可而止的原则，在与上司相处时运用下面的方法提意见，不但可以尽到职责，又不会引起上司的反感。

首先，选择好恰当的时机。所谓恰当的时机，最好是和上司独处的时候。这样一来，双方就是一对一的沟通。此时，上司会获得缓冲、思考的时间，脸面得以保全，也就不会计较下属的措辞是否不当。更重要的是，这种说话方式会使上司有自己人的感觉，从而拉近了双方的距离，促进了关系的提升。

其次，注意说话的顺序。下属给领导提意见通常是费力不讨好的，但在必须提意见时，可以通过巧妙的说话顺序，营造良好的氛围，让沟通在愉快的气氛中完成。具体来说可以采用"请教—征求—建议"这种顺序进行。

第一步：请教。可以拿一个自己不清楚或不明白的问题请领导给予指导，并在领导指导的过程中点头附和，予以认同。这样一来，领导就获得了权威感，感受到了被尊重，进而会对你产生亲近感和信任感。

第二步：共情。当双方产生了亲近感和信任感后，先向领导表明听了指导后的收获，表达对领导的感谢，唤起情感共鸣，同时抛出自己因此受到的启发，想到的解决问题的方法。因为是受到领导的启发想到的方法，领导自然会认同。

第三步：建议。当领导对建议表示认同后，再以征求看法的方式指出这个建议是不是可以用于某问题（要提的意见）的解决，那么领导自然会倾听并采纳。

这样提意见，因为是在自己的位置上提的意见，让领导充分感受到了被尊重、被重视，领导也就乐于倾听并采纳。当然，在这一过程中，如果发现领导并不想采纳意见，那就及时用恭敬而礼貌的态度转移话题，领导也不会心生恶感，反而会因此注意到你，并在合适的情况下把机会给你。

【事例】

扁鹊见蔡桓公

春秋战国时期，齐国的国君蔡桓公听名医扁鹊到了齐国，就让人将他请进宫相见。没想到，扁鹊见到蔡桓公没一会儿就说蔡桓公的气色不太好，身上有些小病，请求为蔡桓公医治。蔡桓公听了特别不高兴，认为他在胡说八道，难道自己的身体有没有问题自己会不知道吗？于是就强忍怒气，客气地说扁鹊看错了，自己没有病。扁鹊却坚称自己没看错，坚持劝蔡桓公趁早医治，甚至说不治的话病情恐怕会加重。蔡桓公越听越生气，不但让人把扁鹊赶出去，还认为扁鹊想给自己这个没病的人治病，以博取神医的美名，进而达到名利双收的目的。过了十天，蔡桓公气消了，就又想起了扁鹊，想和他再好好聊一聊，毕竟上次没来得及交流。没想到，扁鹊一见到蔡桓公就又劝他治病，而且说病情已经加重了。蔡桓公看扁鹊还是一派胡言，就让人把他再次赶走了。又过了十天，扁鹊竟然主动请求拜见蔡桓公，蔡桓公以为扁鹊想明白了，不再胡言乱语了，就让人把他请了进来。然而让他愤怒的是，扁鹊见了他又旧话重提，说他的病已经发展到肠胃了，得赶紧开始治疗。蔡桓公气到了无语，又让人把扁鹊赶走了。很快又过了十天，扁鹊不但在这期间再没请求面见蔡桓公，甚至有一次远远地看到蔡桓公就跑了。蔡桓公倍感好奇，就特意让人追上去问他跑什么。扁鹊对来人说因为蔡桓公现在是病入膏肓，自己没有本事能治好他，所以就只好跑开了。来人回去将扁鹊的话如实告知蔡桓公，蔡桓公听了这个理由，一笑置之，并没放在心上。然而，五天后，蔡桓公的身体突然疼痛难忍，他连忙派人去找扁鹊，结果扁鹊早就逃到秦国去了。最终，蔡桓公因病不治而死。

【评析】

这个故事出自《韩非子·喻老》。人们每每提到这个故事时，想到的都是蔡桓公的讳疾忌医，但从人际关系的处理来看，倘若扁鹊在与其沟通的过程中注意方法和技巧，或许这个故事就有不同的结局。

首先，扁鹊在与蔡桓公沟通时没注意对方特殊的身份——国君。从现代职场来看，二人就是上下级的关系，而且是新员工和上司的关系。然而，扁鹊在初见自己的上司时是怎么做的呢？开口就说对方有病，蔡桓公要是不生气才怪。如果放在现在的职场，对方可能会回之以"你才有病，你们全家都有病"。这样的氛围下，蔡桓公怎么会听进去劝说？

其次，扁鹊在与蔡桓公沟通时没注意共频。共频就是在交流时尽量顺应对方的话题，进而从中找到共同的频率，使双方产生情感上的共鸣。在后来的见面中，扁鹊根本没在意对方想说什么，更不顾对方的抵触心理，只是一味地坚持自己的谈话主题"你有病"。这种我行我素、随心所欲、自说自话的沟通方式，让蔡桓公感受不到尊重和敬畏，当然无法唤起蔡桓公的共鸣，他听不进去就是很自然的了。

由此可见，扁鹊在与蔡桓公的沟通过程中的确做到了医者的本分，努力提醒对方，甚至是冒着生命危险提醒对方，放在朝堂中就是妥妥的忠诚之臣，而且在多次劝说无效后果断地选择了"逃跑"，又可见是明智之臣。但细看整个沟通过程，不能不说他的努力是无效的，当然也就谈不上尽到了劝说的本分。

如果在现代职场上遇到这样的上司，我们应该怎样向其提建议，劝说对方呢？可以在恰当的时机下，遵循"请教—共情—建议"的程序，从拉近关系、创设良好的沟通氛围入手，在寻找双方共同感兴趣的话题的基础上唤起情感共鸣，最后以征求看法的方式向对方提出建议。如此一来，不但可以使上司避免像蔡桓公讳疾忌医而亡一样陷入困境，还能因建议有功，让上司对你刮目相看，何乐而不为呢？

二十四、自爱不自贵

【原典】

自爱，不自贵。

【简译】

有自爱之心，却不抬高自己。

【评议】

这句话出自老子的《道德经》，强调的是一个人在为人处世的过程中要坚持的原则——要自尊自爱而不能自视过高。这是一种尊重自己也尊重他人的态度，用于人际交往，可以促成平等而健康的人际关系的形成。

自爱就是一个人能爱惜自己的生命和名誉，不自轻自贱，也不自我膨胀。自爱是自尊的表现，一个自爱的人才能有能力去爱别人。因为一个人如果连自己都不爱、不在意，又怎么会发自内心地在意他人、爱护他人呢？这样的人在人际相处过程中很容易为了达到某种目的而轻视他人，换来的当然也是他人的轻视而不是尊重。

　　自贵就是有意在他人面前抬高自己，只要自己有一点比别人强的地方就认为自己高人一等。这样的人眼里看不到别人，只装着他自己，因此在与人相处时会处处、事事以自己为先，总觉得自己比别人优秀，与人相处时摆出一副盛气凌人、居高临下的姿态，喜欢对别人的生活指手画脚，不顾及他人的感受。他人会在与其相处时感受到被忽视、被压制，进而对其敬而远之。长此以往，这样的人就会失去真心相待的朋友。

　　真诚和平等是良好的人际关系的基础，如何让自己做到自爱而不自贵，从而创设良好的人际关系呢？

　　一是要自尊。"人必自侮然后人侮之"，一个人如果不能做到自尊，那么也换不来他人的尊重，因为自尊是个人成长的基石。一个自尊的人才能自信地面对他人，并以自己的自信赢得他人的尊重，进而促成他人的平等相待。

　　二是要自爱。一个自爱的人更清楚自己的真实需求，并在自尊的基础上合理满足个人需求，因此在与人相处时能坚守自己做人的原则，"不要把你全身心的爱、灵魂与力量，作为礼物慷慨给予"，而是以自己过人的品行和出色的能力赢得他人的尊重；能时刻保持清醒与警惕，觉察真实的情绪，不被任何人的情绪或行为牵着走，也不拿他人的言行来惩罚或折磨自己。

　　三是自谦。"出头的椽子先烂"，一个不自谦的人总是喜欢炫耀自己的能力和成就，结果往往会招来他人的反感和嫉妒，导致人际关系的紧张，结果给个人成长设置阻碍。

总之，一个人在与人交往时能做到自尊自爱，他人会因其优秀的品格而给予尊重的同时，也会因其给予的尊重而愿意主动靠近他，因而也因同声相应、同气相求的原理得以结交更多优秀的人。

【事例】

鲍叔牙自爱不自贵

春秋时期的鲍叔牙因曾三次拒绝相国之位被誉为"有自知之明的典范"，这一行为的背后是他自爱不自贵的优良品格和较高的修养。

当初，鲍叔牙辅佐的齐桓公（也就是公子小白）刚刚即位时，曾打算拜鲍叔牙为相国，但被鲍叔牙拒绝了。鲍叔牙坦诚地告诉对方，自己的才能只能做一个守成的相国，现在齐桓公刚刚即位，需要的是一个锐意进取、能变革图强的相国来辅助他治理国家，于是推荐了自己的好朋友管仲。齐桓公因为管仲之前辅佐自己的竞争对手公子纠时，为了阻止齐桓公回国用箭射伤了他，所以认为对方是暗箭伤人的小人，恨不得杀了他，因此不想让他当相国。鲍叔牙公正地指出管仲当时和他都是各为其主，射伤齐桓公恰好说明他能尽忠职守，如果不为齐桓公所用，那就实在太可惜了。接着，鲍叔牙建议齐桓公不妨将管仲从鲁国请过来亲自考察一番。最后，他甚至以性命担保管仲绝对能辅佐齐桓公称霸。看到鲍叔牙态度如此坚决，听到他言辞如此恳切，齐桓公最终决定给管仲一次机会，设计让鲁国将管仲交了出来。在对管仲进行考察后，他被管仲的能力折服，任命他做了齐国的相国，并在管仲的辅佐下，一步步登顶霸主之位。

管仲晚年病重时，齐桓公问他可不可以让鲍叔牙接他的班。管仲说鲍叔牙太过刚直不适合当相国，不如任用隰朋。有人暗中把管仲的话告诉了鲍叔牙，想借机挑拨鲍叔牙和管仲的关系。谁知鲍叔牙闻言竟笑着说还是管仲了解他，并赞许管仲唯才是举的举动，说自己当初之所以举荐管仲为相就是因为这个原因。

隰朋为相国仅一个月就去世了，齐桓公坚持让鲍叔牙为相。鲍叔牙再三推辞才勉强答应下来。而后，鲍叔牙仍然实行管仲制定的政策，带领齐国继续发展壮大。

【评析】

这个故事出自《史记》。从故事中可以看到，鲍叔牙做人做事真诚坦率，自爱不自贵。具体来说，这种自爱不自贵主要表现在如下两方面：

鲍叔牙的不自贵，表现在能正确地评价自己，他对自己的能力既不夸大——不能做一个锐意自取、能变革图强的相国；也不贬低——可以做一个守成的相国，帮助君主稳定地获得成功；他能看到他人的优点和长处，不吝于夸赞对方，比如他对管仲的肯定和赞美，客观公允，实事求是，不因是自己的朋友而故意抬高，后来也不因为对方没能推举他做相国而故意贬低；他有主见，不受他人的评价影响，比如别人将管仲的话传给他，他不是愤怒或不舒服，而是欣喜于自己没看错人，这是对他人的正面肯定。因为他尊重他人，他人也对他还以尊重，不仅仅因为他的身份，更因为他的人格。

鲍叔牙的自爱，表现在不因面对的是相国之位而放弃做人做事的原则，能抵挡住诱惑，三次推拒自己力所不及的事情，对自己有清醒的认知。他深知如果自己为了高官厚禄而勉强接下相国的重任，被他人敬仰，一旦无法辅助齐桓公达成宏图大业，不仅是误人、误国，也是误己，与其打肿脸充胖子不如实话实说，做自己能做且有信心能做好的事情。他清楚自己的身份，给齐桓公提建议时语言真诚但又委婉，不强迫，不逼迫，比如在推荐管仲时，他不以自己曾经的功劳强迫对方接受管仲，而是委婉地建议对方对管仲进行考察，将决定权给齐桓公。总之，他的这种自爱当然也换得了齐桓公、同僚和齐国国民，甚至后世对他的赞颂。

由此可见，人际相处中做到自爱不自贵，做到既不低看或高估自己，也不高估或低看他人，坚持自己做人做事的原则，不因他人的评价而动摇，不但不会将他人推远，反而因为真诚待人、客观评价自己这些优良的品格换来他人的真诚相待和尊重、敬仰，让自己因此获得良好的人际关系。

二十五、谦逊低调

【原典】

自知，不自见。

【简译】

要有自知之明，不自我炫耀。

【评议】

这句话出自老子的《道德经》，意在强调人要清晰地认识自己，看到自己的价值，而不必刻意在他人面前炫耀。它道出了为人处世的黄金法则——谦逊低调。

位于希腊福基斯的德尔菲神庙前的石碑上用古希腊文镌刻着"认识你自己"，中国的老子反复强调"自知者明"，可见认识自己是人生之大事。一个人只有清晰地认识自己，才能清楚自己的斤两，知道何事当为，何事不当为，进而在人际交往中摆正自己的位置，在做人做事时保持清晰的方向，做到谦逊低调，不为自己树敌，顺利实现自己的人生目标。

京剧大师梅兰芳不仅京剧造诣高，还酷爱绘画，他曾拜齐白石为师学习绘画。当时的梅兰芳早已名满天下，齐白石还没什么名气。但他不但每次登门学习时，进门总是先鞠躬问好，而且亲自为老师铺纸研墨。有一次他们同时受邀到一位朋友家做客，齐白石不慎弄丢了请束，一身布衣布鞋的他被门房刁难盘问，窘迫异常。梅兰芳看到后，快步出门相迎，恭恭敬敬地叫了一声"老师"，并向大家介绍："这是名画家齐白石，也是我的老师。"梅兰芳的举动使齐白石大受感动，他回家后挥毫画就了《雪中送炭图》，并题诗："曾见先朝享太平，布衣蔬食动公卿。而今沦落长安市，幸有梅郎识姓名。"梅兰芳收到齐白石馈赠的画作后，也和诗一首："师传画艺情谊深，学生怎能忘师恩。世态炎凉虽如此，吾敬我师是本分。"

梅兰芳在与齐白石相处时，不以自己的名气而自骄自矜，而是以学生之礼相待，言行举止谦逊得体，让对方在与其相处时感到如沐春风，进而油然生出亲近之感，从而主动以画相赠。梅兰芳也同样以诗相和，于是在一来一往中，二人给后人留下了一段礼尚往来的佳话。这就提示我们，人际交往中礼尚往来的关系的形成，离不开双方对自己有着清醒的认知，能找准自己的位置，低调做人，谦逊待人。

具体到现实生活中，如何才能凭着低调做人，谦虚待人促成礼尚往来的良好人际关系的形成呢？

首先，与人相处时要注意不"自见"。所谓自见，就是在与人相处的过程中凡事以自我为中心，时刻想表现自己。一个人如果不管做什么都要表现自己，太爱出风头，不懂得藏拙，就会给周围的人造成困扰，令他人时时感受到压力，进而遭到对方的攻击和批评，导致人际关系紧张。其次，要学着在人际相处时多看他人的长处，做事情关注个人的利益的同时也要关注他人的利益，与人合作时多肯定、多探讨，少些挑剔批评、独断专行，如此一来他人就会在与我们相处时感受到放松和自如，从而放下戒备和防御心理，拉近彼此的距离。

有一年北京大学开学的时候，一位新生在去办理入学手续时，考虑到行李太多不方便，就请恰好路过的一位"校工"帮着照看一下。这位"校工"爽快地答应下来，并在烈日下帮这个新生看了两个多小时的行李。直到开学典礼时这个新生才知道热心的"校工"就是大名鼎鼎的国学大师、副校长季羡林。可见，季老之所以能赢得学生的尊敬和爱戴，不仅因其学识，还因其为人谦逊低调。

可见，真正有本事的人总能认清自己的位置，不需要刻意表现就获得他人的关注，因为在与他们相处的过程中，人们总能感受到他们谦逊低调的行事风格、时时处处为他人着想的人格魅力，进而更加尊重他们，渴望与其进一步交往。

【事例】

刘秀谦虚低调得马援

地皇三年（22年），刘秀随哥哥刘缤在春陵起兵后，从此开始东征西战的生涯。最初由于兵少将寡，武器装备缺乏，他常常将抢到的战马让给部属，自己在很长一段时间用牛当坐骑。等到兵力渐渐充足，他更是因作战身先士卒，平时体恤下情而赢得手下的信任和支持。更始三年（25年）六月，刘秀在手下人的拥护下登基为帝。随后，他开始采取平定地方割据势力、巩固政权的行动。

当时，与刘秀形成鼎足之势的是，陇西的隗嚣，巴蜀的公孙述。随着刘秀逐渐平定地方割据势力，力量最弱的隗嚣意识到独木难支，就想从刘秀和公孙述之间择一人结盟归附。为此，他派了绥德将军马援先后到巴蜀和洛阳面见公孙述和刘秀。

马援是名将之后，有纵横家之称，因为文武双全，且具备识人之能，被隗嚣视为心腹。由于他和公孙述是旧相识，于是他首先去了巴蜀。没想到，公孙述听闻马援到来，竟然陈兵列卫，摆起皇帝的架子才见他。虽然得公孙述许以侯爵之位，马援还是在返回陇西后告诉隗嚣对方妄自尊大，气量不够，不具备容人之量。

建武四年（28年），马援又马不停蹄地到达洛阳，开始了对刘秀和东汉的政治局势的考察。听闻马援来访，刘秀不但身着便装，连冠冕也没戴，而且不带一名侍从就在宣德殿与其见面。知道马援前不久前刚刚从公孙述那里返回，二人刚一落座，刘秀在表示见到马援特别高兴的心情后，向对方表示歉意，称自己这里非常简陋，和公孙述那里相比差太多，如果存在礼节不周之处还请他见谅。

马援则说表达自己此行的目的，即良臣选择明君。接着，他说，自己和公孙述从少年时就建立了很深的交情，可是前些日子出使那里时，对方竟然在布置好卫士之后才接见他。可是到了刘秀这里，虽然二人是初次见面，甚至彼此都互相不了解，但刘秀却毫无防备，待之以礼，这让他特别感动。最后，他问刘秀为什么会如此信得过他。刘秀听后先是哈哈大笑，继而告诉他，因为马援是使者和说客，而自己对使者一向都是以礼相待。

听到刘秀的这番话，马援感慨万分地称赞他堪比先代明主，并说在天下纷乱的当时，徒有虚名的人不可胜数，称王称帝的人也有很多。可是一路走来，他看到了刘秀的治理有方；今天的会面，他又感受到了刘秀胸怀的宽广。在接下来的日子里，马援随刘秀南巡，先后到达黎丘、东海等地，并在南巡归来后以待诏的身份和刘秀朝夕相处了一段时间。这段时间，马援亲眼见到了刘秀与臣子相处的随和、亲切，充分感受到刘秀为人处事的低调谦逊，惊叹于他的学识渊博，治国理政的高明。

等到返回陇西后，马援将洛阳之行详细地汇报给隗嚣，尤其是关于刘秀的为人处事。他称刘秀果然如外界所说，才智过人，勇略无敌，且待人谦逊坦诚，心胸阔达，用人不疑。为了证明自己的观点，马援还特意向隗嚣讲述了一些刘秀对待下属的事情，比如起兵时人数经常将抢到的战马让给部属，自己在很长一段时间用牛当坐骑；攻打洛阳时，不仅没有追究守将朱鲔参与杀害刘縯（刘秀的大哥）的前仇，还拜他为平狄将军，封为扶沟侯。

隗嚣听了马援的一番话，认为对方值得结盟，于是就将儿子隗恂送到东都洛阳，向光武帝刘秀表达效忠之心。马援也携家眷随隗恂到洛阳。

后来，马援成为光武帝的麾下重臣，不但在隗嚣存有二心时写信劝解，在隗嚣起兵对抗朝廷时上书灭敌之计，而且后来更是为东汉朝廷屡立战功。

【评析】

光武帝和马援的这段故事，见于《后汉书·武帝纪》，只是他众多轶事之一。然而却极好地证明了他之所以能得天下，成帝业，除了"多权略"，还在于能谦逊低调做人，由此也礼尚往来地获得了他人的尊重和信任，进而心甘情愿地忠心于他、归心于他。

二人初见，刘秀就略去帝王接见臣子的繁文缛节，轻衣简从地会见马援，像见朋友一样热情。这让马援不禁想到公孙述接见他时的小心提防，以及摆足了帝王架势的情景。两相对比，他自然产生被信任的欢喜和亲切，愿意与其交流，于是就有了马援关于何以初次相见便能如此信任他的提问。

对于这个问题，刘秀不遮不掩，坦率地告诉他，以礼相待是自己对待使者和说客的常态。这就是在明白地告诉对方，自己并非因为想收拢隗嚣而对他另眼相看。此举让马援看到他并非人前一套人后一套的阴险之人。于是他的随和、真诚，也换来了马援的信任。但这并不足以让马援确认他是值得投靠之人。接下来，跟随刘秀南巡，伴在刘秀左右，马援更深地看到了刘秀与臣子相处的坦率亲切，谦逊随和，处事的低调。

当然，在这一过程中，马援同样也没闲着，在近距离观察对方的同时，也从别人那里获知了刘秀的为人。这也就是他后来向隗嚣汇报的关于刘秀体恤下属，宽容待人之事。而他的发自内心的中肯评价，也促使隗嚣做出了投靠刘秀的决心。

纵观光武帝刘秀的帝王之路，他能够在群雄并起的纷争中成就霸业，关键在于他对自己有着清醒的认知，知道唯有优良的品德方能取信于人，打动人心，因此谦逊低调做人，坦诚宽厚待人，最终以谦逊换得下属的信任和忠诚，以低调换得下属的甘心臣服，拼死效命。这就提示我们，要促成礼尚往来的人际关系，就要在清醒地认识自己的前提下，谦逊低调做人处事，如此一来就会给自己创造更多的机会，让自己获得更多的帮助，使得双方在礼尚往来的过程中互利共赢。

第五章

来往
重「礼」

　　人际交往中倘若能做到"来而不往非礼也"，就可以在你来我往的互动中将自己的尊重、感恩之情传达出去，而对方也可以将情谊及时回馈，从而加深双方的关系，强化彼此的感情。这种你来我往的情意传递离不开重要的媒介——"礼"。怎样以"礼"促成双方的良性互动，怎样从"礼"的往来到"心"的交流，是一段很长的路，在这条路上需要把握礼尚往来的精髓，遵循相应的原则。

来而不往，非礼也

二十六、送之以"利"

【原典】

投我以桃，报之以李。

【简译】

别人送我一颗桃子，我将会以一颗李子回敬对方。

【评议】

此语出自《诗经·大雅·抑》，成语"投桃报李"就是从此句演化而出，意在强调人际交往中要做到礼尚往来就要注意平等、互利。

春秋时期，晋国正卿赵盾在首阳山打猎时遇到了一个病倒在路边的人，并让人给他食物吃。当他看到这个三天没吃东西的人，竟然将手中的食物吃一半留一半时，就询问其中的原因。这个人告知他是想将食物留给家中的老母亲吃。赵盾就让他把食物吃完，另外又给他准备了一篮子饭和肉。多年后，晋灵公派人暗杀赵盾，没想到关键时刻晋灵公派来的人中一个人反过来保护了他。而这个人就是当年得赵盾赠饭的饿汉。

　　这个出自《左传·宣公二年》的故事后来被作为"投桃报李"、知恩图报的典范而广为传颂，它提示我们，人际相处中要善待他人，心怀感恩之心，遵循"滴水之恩，涌泉相报"的原则，以促成良好的关系的形成，让双方都在关系中获得更多的回报。

　　某个小镇上有一家米铺，生意特别红火。相比其他店铺门前的冷清，无论何时，这家店铺的门前总是挤满了排队买米的人。有人向店掌柜请教做生意的秘诀，他只笑着回答："吃亏是福，吃亏是福。"多年之后，老掌柜即将驾鹤西去。临终之时，儿子向他询问做生意的良方，他撑着最后一点力气指了指柜台上的那杆秤。儿子一时也没能理解老父亲的意思。后来，米铺在儿子的经营下，生意依然兴隆，儿子一直困惑父亲临终前的举动，苦思背后的深意。于是，他白天用父亲留下的那杆秤卖米，晚上还拿回家里仔细研究。有一天，因为把秤忘在家里，他只好临时借了一杆秤来用，结果发现秤出来的米比父亲的秤少了一点点。至此，他终于明白父亲的深意：做生意要学会以舍为得，让利于人，而这正是这家米铺深得主顾信任、生意兴隆的秘诀。

　　其实，生意场上送之以"利"，可以收获更多的顾客，以微利成就大事业；人际交往中，送之以"利"，无论是初次见面，还是相识多年，适时让"利"会让对方从我们的"让"中感受到善意，进而会遵循礼尚往来的原则，还我们以"利"。于是在一来一往中彼此都获利，关系得以持续长久。

　　当然，要通过让利促成关系的优化，就要将"利"落到实处，让对方看到和感受到实实在在的"利"，即要在双方交往中让其看到自己让利后的价值，不管是因为邻居之间面对同一个车位时适时的小"让"，还是同事帮助打印后递去的一杯咖啡；不管是吃到父母做好的美食后一声"谢谢爸妈"，还是收到兄弟姐妹一份礼物后一个热烈的拥抱，都让情谊在获得对方的"礼"以及给出的"利"中流动起来，让双方获得了送"礼"和收"利"的回报，关系就在互利中越来越好。

当然，人与人相处，就是一个以心换心的过程。你敬我一尺，我敬你一丈，彼此尊重，关系才会更加融洽。想要别人把自己当成朋友，既要学会先伸出手让利，也要学会得利后让利，于是双方的关系就在礼尚往来的过程中，在互利中进入良性循环。

【事例】

范蠡投桃报李获成功

春秋末期越国大夫范蠡的一生大起大落，从布衣客到上将军，从一国之相到商界鼻祖，其传奇的一生给后世留下了许多传说，而他在经商过程中运用的投桃报李之术，更是让我们看到了人际相处中互利的重要性。

当初范蠡父子初到陶邑时，先是以种田畜牧为业。在资金囤积储存到一定程度时，他们开始了小本经营。由于本小利微，他们只能做一些当地的粮盐生意。即便如此，在卖货时，他们还是坚持让利于人的原则，自己只取微利，因此很快就赢得了口碑，生意慢慢兴旺起来。

　　一天，范蠡与往来的客商闲谈，偶然得知南方的吴越一带需要好马，他清楚这是一个极大的商机。随后他又了解到，因为从齐鲁到吴越不仅要翻山越岭，还有很多江河，马匹只能靠渡船一船一船地转运，即使一路平安地把马运到吴越，运送的费用早已翻了几倍，所以虽然人人都知道这是一个巨大的商机，但很少有人去做这个生意，毕竟投入大，收入却未知。

　　在探听到这些情况后，范蠡想到了一条节省成本的互利之策。他知道本地有好几家常年往吴越一带贩运麻布的大客商，于是他一边吩咐人大量采买良马，一边又在城门口贴出一张告示：陶朱公新组建了一个马队，可以免费帮助客商向吴越地区运送货物。

　　消息一传出去，几个大客商很快就主动找上门来，希望范蠡帮他们运送货物。刚开始的时候，他们原本还担心范蠡的马队规模不够大，无法同时送几家的货物，可等他们看到田野里成群结队奔驰的良马，就全都放下心来。于是双方一拍即合，范蠡的马队负责免费运送，客商们自行负担一路的草料和过路费。

　　双方合作，一路同行，顺利到达吴越，布商们省了一笔运费就贩回需要的布料，范蠡省了成倍的过路费，还以低于当地市价的价格迅速卖掉马匹赚了一大笔钱。返程时，他又采购吴越一带的丝绸等特产回陶邑贩卖。一去一回之间，范蠡再次成为家财万贯的巨富。

　　此后，范蠡一直坚持让利于人，"薄利""多销"的经营理念，不仅让他成功积累了巨额家产，成为一代首富，而且还因让利于人在商人间留下美名，也因广散钱财救济百姓，被后世尊为"文财神""商圣"等。

【评析】

范蠡经商的成功得益于他坚持的互利原则，得益于他对人对事的透彻理解，知道逐利是人的本性。因此要想实现得利，先要学会让利，当他人的需求得到满足后，他人才会基于有利可图与对方开展进一步的合作。

首先，在与布商合作的过程中，范蠡坚持让利，让布商获得免费的运输工具，对方自然会乐于掏过路费、马匹的护养相关费用，而范蠡则得以将马匹低成本运送到目的地。其次，在卖马时注意让利。范蠡是以低于当地市价的价格将马卖出的，这是让利于当地的商人或马匹的使用者，而对方回报给他的是快速出货、资金回笼，以及隐形的客源。

从范蠡的故事可见，人际相处中，学会互利，懂得让利于人，双方就会在"投桃报李"中不断互动，从而尽快建立起连接，结成利益共同体，进而共创互利共赢的局面。

二十七、报之以德

以德报德。

用恩德来回报别人的恩德。

这句话出自《论语·宪问篇》，大意为别人以德来待你的时候，你也要以德来回报别人，强调人际相处中要懂得感恩与回报。这是一个人自立于世的基本素养，也是促成良好的人际关系的重要原则。

春秋时期，晋献公听信谗言，要派人杀儿子重耳。收到消息的重耳匆忙逃出了晋国，在外流亡多年后，辗转来到楚国。楚成王以国君之礼宴请他，把他敬为上宾。宴席上，楚王问重耳，如果有一天他当上了晋国的国君会怎么报答他。重耳说，如果自己真的回到晋国当上国君，那么就会让晋楚之间交好；万一两国不幸发生战争，他一定主动退避三舍（一舍等于三十里），以回报楚成王今日的恩情。四年后，重耳回到晋国成为国君，他就是历史上有名的晋文公。后来，晋楚两国果真开战，晋文公牢记当年楚成王对他的礼遇和恩情，命令晋军后退九十里，驻扎在城濮。楚军误以为晋军害怕了，一路紧追不舍，结果被晋军一举击败。

这是《左传》记载的"退避三舍"的故事，在这个故事中晋文公因楚成王当年的收留之恩，在两军交战时主动后退九十里，以此表达了他对楚成王礼遇的感激之情，回报他的恩惠，这反映了他懂得知恩图报的美德。晋军退避三舍，最后还是给楚军迎头痛击，但世人不会因此斥责晋文公忘恩负义，反而会因为他的退避三舍而感动。可见，在人与人的交往中，"以德报德"是一种多么重要的原则。

实际上，以德报德的背后是互惠的人际相处原则。它满足了人的深层次的心理需求，无论是物质层面还是精神层面让付出方获得了相应的回报，都可以达到双方互相给予、互相受益的目的。这种互惠的交流，可以是专注倾听、心事分享、心理支持等心理层面的互惠，也可以是合作共赢、互相支持、资源共享等物质和利益上的互惠。

要在人际交往中更好地实现互惠，使双方的关系在"以德报德"的良性循环中长久，就需要我们坚持善待他人，即你想让别人怎样对待你，你就怎样对待他人。当然，在这一过程中要注意不做"烂好人"，而是有原则地"报德"。

一是要学会原谅。人际相处中，不能因为对方曾伤害过自己就忘记对方对自己的恩情，而是要学会原谅，因为在原谅别人的同时也放过了自己。诚如《你为什么不道歉》一书中所说："我原谅你，是因为我想忘记过去那些不愉快，让自己内心获得平静，而不是真正地原谅你的那些错误的行为。"

二是要恩怨分明。人际交往过程中，不能因为对方一时无意的伤害而将其对自己的恩情全部抹杀，而是要将恩怨分清，区别对待。应该原谅对方无意的伤害，并将对方有意的伤害作为一种警示，提醒自己在与其相处时应该注意什么；对方给予的帮助，则要选择合适的时机和方式予以回报。这种恩怨分明的态度让他人清楚我们做人的原则，从而避免类似的事情再度发生，确保了关系的和谐。

最后要提醒的是，"以德报德"是对别人的善意和恩情的知恩图报，不能因为曾帮助对方就向对方索要回报，更不能以此向对方无度索取，而是要秉持互惠的原则，开展有礼有度、互相尊重和平等相待的人际交往。

【事例】

朱元璋以德报德

明太祖朱元璋出生于濠州钟离乡（今安徽凤阳东北）的一户贫苦人家，年少时家中贫寒，一家人只能挤在两间破屋里艰难度日，父亲给人做佃户维持一家老小的生活。有一年黄河泛滥，濠州又遭遇百年一遇的旱灾，蝗虫和瘟疫也接踵而来，朱元璋的父母和大哥先后染上瘟疫离世，朱家家徒四壁，连像样的寿衣都买不起，哪有钱安葬几位亲人呢？年少的朱元璋先是向地主刘德请求帮忙，但遭到对方的拒绝，就在他愁眉不展的时候，村中靠做生意发家的富商刘继祖听说了这件事，不但让儿子刘英把朱元璋叫到家里，给他吃了一顿饱饭，而且把村东头一块闲置的田地送给他，让他把亲人葬在那里。朱元璋安葬完父母就准备外出逃难。邻居大娘得知后，认为朱元璋年纪太小，又生着病，出外讨饭早晚得饿死，于是把他送到皇觉寺里做了一个扫地做饭的小沙弥。

若干年后，朱元璋从一个小沙弥变成红巾军的首领。曾赠地葬他父母的刘家则因为刘继祖父母的去世败落，刘英打听到朱元璋已经成了红巾军的头领，便投奔了他。朱元璋不但让他做了自己的贴身护卫，而且在刘英主动请战时予以拒绝，只因为不想让对方身临险境。等到朱元璋攻下濠州后，他在回家乡祭奠父母的同时，对当年帮助他的村人予以感谢。除了下令将父母的坟墓"增土以倍其封"，他还任命刘英和邻居大娘的儿子为守陵官，负责其父母陵墓的建造，又赐给村里仅剩的二十余户人家每家二十顷土地，免去十年赋税，以报他们当年对朱家的恩德。而那个曾拒绝帮助他的刘德，本以为自己必死无疑，没想到朱元璋不但没计较他嫌贫爱富，危难时不施以援手，反而赏赐了他三十顷田地。

【评析】

明太祖朱元璋是中国历史上少数几位草根皇帝之一。他在人际相处中最突出的表现就是以德报德。

首先，对恩人，他是有恩报恩，做到了以德报德。刘继祖面对贫苦的邻居，不是袖手旁观，而是割地相助；贫穷的邻居大娘不是嫌贫爱富，而是在自己力所能及的范围内帮助少年朱元璋找到容身之地、糊口之所。这些恩情，朱元璋牢记于心，不但对其后人多加照顾，让其子女入朝为官，而且赏金赐银。

其次，对袖手旁观的邻居刘德，他并不是挟私报复，而是以德报怨，不但没打杀对方，而且还赏赐土地。注意赏赐的是土地，而当年朱元璋向对方请求的恰恰是土地。两相对比，高下立判，世人谁不赞一句朱元璋心胸豁达呢。

朱元璋这一系列的举动，不但展现了他知恩图报的品格，在民间留下知恩图报的美名，而且让世人看到了助人是一种互惠的行为，更重要的是，朱元璋的举动让其手下的良臣名将相信自己的付出必有回报，从而更加尽职尽责地辅佐其登上帝位。这正是以德报德这一交往原则在人际交往中的积极意义。

总之，在人际交往中，"以德报德"可以促成礼尚往来的互惠关系，加强双方的情感交流，使双方的关系更加亲密长久，并开启一条互惠互助的双赢之路。

二十八、还以尊重

【原典】

君子和而不同，小人同而不和。

【简译】

君子与人保持融洽和谐的关系，但有自己的独立思想。小人盲目附和他人，没有自己的独立见解。

【评议】

这句话出自《论语·子路篇》，意在指出与不同的人相处时的态度和原则，强调人际交往中无论与什么类型的人相处，都要注意把尊重放在首位，以此促成良好的人际关系的形成。

被誉为"凿空西域"第一人的张骞之所以能出使成功，与其善于创设良好的人际关系密不可分。而他创设良好的人际关系的法宝就是他身上"和而不同"的优良品质，这种品质的突出表现就在于给予接触的不同的人以尊重。在出使西域各国时，张骞面对的是形形色色、不同身份、不同民族的人。在与这些人相处时，他一视同仁，都以信义待人，尊重对方，因此很多人都很喜欢他，纷纷为他提供帮助，比如大宛和乌孙两国，分别在他去康居国和返程时提供了向导和翻译。可以说，这些人对他的尊重的回报，也是张骞能战胜各种困难并获取事业成功的一个重要因素。

人际交往中，无论身处怎样的情境，遇到怎样的人，受到怎样的对待，还之以尊重都不失为一个重要的相处原则。当然，尊重的表现形式可以多样，比如同事之间观点不同时，还对方以不争对错的温和态度；对手之间发生激烈的争执时，适时还以沉默而坚定的态度；关系虽好，但阵营不同时，以和而不同的处事态度与人相处。

春秋战国时期，楚国的伍子胥和申包胥是至交好友，情同兄弟。后来，楚平王听信谗言，屈杀了伍子胥的父兄伍奢与伍尚，还派人追杀伍子胥，身负血海深仇的伍子胥不得到踏上流亡之路。在路上，他遇到了出使他国回来的申包胥。当获知伍子胥要借兵伐楚，誓覆楚国的想法后，申包胥沉默了半晌后说："勉之！子能覆之，我必能兴之。"（加油！你去做自己想做的。但是如果你灭亡楚国，我就让楚国复兴；你让楚国遇险，我就让楚国转安。）后来，当伍子胥真的借吴国之兵攻伐楚国时，申包胥连夜赶到秦国，在秦廷大哭七天七夜，最终感动秦哀公，答应发兵帮助楚国赶走吴军。当楚昭王要因此重赏申包胥时，他坦言自己之么做是为了国君、社稷，而不是个人利益。甚至为了拒绝赏赐，他干脆辞官归隐。

申包胥面对好友誓灭楚国的态度，不是勉力相劝，而是认同和尊重，鼓励对方实现自己的愿望，让对方感到被接纳、被理解，感受到他对友谊的忠诚。但同时他还坚持自己的理想信念，尽自己所能保全国家，这是对自己的信念的坚持，是在成全朋友的同时对自己的尊重和成全。

当然在人际相处中，要运用好还之以尊重这一来往原则，并非易事。一是要提升我们的素质和修养，练就无论何种情况、面对怎样的人，都能以淡定的态度尊重相待；二是意识到尊重对一切人都适用，就算是我们的对手，给予尊重体现了我们做人的豁达和气度，我们也可以用我们的修养和气度给予无声的回应，从而促使对方在这一过程中学会尊重，还我们以尊重他人。这应该也是礼尚往来的又一形式吧。

【事例】

司马光与王安石"和而不同"的友情

熙宁年间，王安石和司马光是宋神宗朝两个股肱之臣，二人既是持不同政见的政敌，也是相交多年的朋友。

熙宁二年（1069年），王安石锐意改革，开始推行一系列变法措施。他从"财政改革"入手，陆续推出了"青苗法"和"募役法"等措施，旨在增加政府的财政收入。变法遭到了以司马光为首的反对派的强烈反对。作为同样刚直之人，司马光在态度强硬上和王安石不遑多让。二人的分歧越来越大，几乎达到了逢朝必争的程度。变法的第二年，司马光就给王安石写了一封四千字的《与王介甫书》，在信里直言不讳地批评王安石与民逐利，有违儒家思想及祖宗法度，然而无论批评多激烈，多不留情面，他都会在最后说："今天下之人恶介甫之甚者，其诋毁无所不至。光独知其不然，介甫固大贤。"当时的王安石因为备受宋神宗信任，根本听不进去批评意见。于是司马光又给王安石写了两封信，对其改革举措加以指责。王安石写了《答司马谏议书》回应司马光，在信中驳斥了司马光的批评。

　　熙宁三年（1070年），因为反对变法，司马光出知永兴军，次年退居洛阳，宋神宗征求王安石对他的看法，王安石给出"国之栋梁"的评价，这是对司马光人品、能力和文学造诣的很高的评价。十五年后，司马光被重新起用，刚一上任就废除了王安石的新法。王安石被罢相之后，很多人拍手称快，开始罗织罪名构陷王安石。司马光却站了出来，说王安石襟怀坦荡，忠心可表，有古君子之风，请皇帝不可听信谗言。

　　王安石去世时，司马光也重病在床，但他担心朝廷会给王安石不公正的待遇，强撑着给当时的另一位宰相吕公著写信，请求朝廷给王安石隆重的礼遇，矫正见风使舵的浮薄风气，并拜托吕公著能够成全。

　　坦荡磊落，这就是司马光与王安石的襟怀和境界，令人钦佩。

【评析】

　　王安石和司马光都是宋朝著名的文学家和政治家，他们尽管为政期间经常斗得"天翻地覆"，甚至因为各自坚持自己的独立见解，在朝堂之上斗得"你死我活"，然而在政见之外，他们做到了互相尊重，以礼相待，不攻讦，不构陷，不落井下石。这种和而不同的人际相处原则，也让他们赢得了众人的赞誉，以至于连宋神宗都称他们"真君子也"。

从司马光来看，尽管他态度强硬地反对王安石变法，甚至可以在朝堂上达到了逢朝必争的程度，但他对王安石应该有的尊重一点儿也不少。他写信时不管言辞如何激烈，必定在最后赞一句"介甫固大贤"，而在变法失败、王安石被罢相后，又挺身而出，襟怀坦荡，忠心可表，有古君子之风，在王安石去世时，他又请求朝廷给王安石应有的待遇，这同样是还对方以尊重。

从王安石来看，他同样投桃报李地还司马光以尊重。政见不合、冲突激烈时，他不是拒不回信，不理对方，而是与对方书信来往，予以回应，这是对对方的尊重；司马光被贬，他赞对方是"国之栋梁"，这也是对对方的尊重。

正是由于二人之间在你来我往中始终做到了还对方以尊重，友情并不因阵营不同而冲淡，因此后世用"和而不同"来形容他们之间的友情。相反，倘若二人在政治斗争中不能以尊重相待，互相攻讦谩骂、落井下石，不仅会导致关系破裂，而且还会给世人留下丑恶的嘴脸。又怎么可能获得后世的尊重呢？

总之，人际交往中要促成良好的关系的形成，就要有"海纳百川，有容乃大"的姿态，就要在相处中始终给对方以尊重，怀着一颗谦卑有礼的心与身边人相处。

二十九、施以援手

【原典】

以直报怨。

【简译】

以正直来回报怨恨。

【评议】

这句话出自《论语·宪问篇》，强调在人际交往中面对他人对我们的报复或怨恨，要用正直来回报，而不是以牙还牙，如此方能化解矛盾，促成礼尚往来的和谐关系的形成。这是一种化解人际矛盾的阳谋之法，体现的是一种容人的雅量。

战国时期，梁国的戍边人发现自家一向长势良好的瓜最近总是成片地干枯。几番观察后发现原来是对面的楚国人心生嫉妒，故意在夜间来破坏。梁人特别生气，就想报复回去。事情上报给了县令宋就，宋就同意他们去楚人的瓜田，但不是搞破坏，而是帮忙浇水。梁人不解，但还是遵令前往。一来二去，楚人发现了梁人帮着浇瓜一事，就将此事上报。楚王获知此事，感动于梁人的厚道，不但让楚人就此前的破坏行为向宋就赔礼道歉，还主动与梁国结交，梁楚两国从此开始了友好交往，宋就也由此获得梁王的关注，最后官至大夫。

在这个故事里，梁国县令宋就化解对方嫉妒之心的方法就是以助其种瓜为礼，送上自己的宽容之心，最终感动了楚人，促成了两国的友好交往。这种施以援手的处理方式避免了伤兵一千自损八百，促成了双方合作双赢的局面形成。

有人的地方就有江湖，人际交往中以牙还牙，最终让小矛盾上升为大冲突的现象可谓多矣。以恶还恶的处理问题的方式，只是图痛快一时，最终只能是两败俱伤，矛盾双方不仅没能从中获益，而且均受到不同程度的损害。反之，如果面对矛盾，采用以直报怨的方式处理，在力所能及的范围内对对方施以援手，助其成功，这种容错的态度会唤起人内在的良知，促其反省，使之获得了改正的机会，也为双方关系的缓和提供了可能性。

当初，刘备得到诸葛亮后如获至宝，不但赋予其军政大权，而且对其言听计从。这就让他的结义兄弟张飞心里很不舒服，对诸葛亮十分不满，二人多有矛盾。诸葛亮没有和张飞发生明面的冲突，他利用曹仁率数倍于刘备的兵力来进犯的时机，在新野之战中展示了自己的智慧，让好战的张飞痛快地打了一仗，证明了张飞自己的能力，也满足了张飞展示其过人武力的机会，让其内心得到平衡。之后诸葛亮还找机会教张飞一些统兵要诀，于是张飞就放下了对他的敌意，二人的关系也逐渐密切起来。

诸葛亮缓和与张飞的矛盾的方法就是以直报怨的施以援手法。他不是暗中利用职权难为对方，而是光明正大地利用公事给了对方表现能力的机会，让对方认识到彼此之间的利益共同点，明白"1+1"大于"2"，而和谐的关系对双方都有利。

人际交往中如果能做到以直报怨，适时为对方送上援手，就是向对方表明了"冤家宜解不宜结"的处事态度，既可以让自己避免因报复而扭曲自我，也能让自己得以保持正直的品格和追求公平正义的态度，同时还能感化对方，为自己赢得尊重，为创设良好的人际关系打下基础。

【事例】

林肯以直报怨

亚伯拉罕·林肯竞选美国总统前，生活困顿，加上他其貌不扬，不修边幅，政治对手经常借此来嘲讽和攻击他。即使他入主白宫后，内阁中的阔佬也瞧不起他。其中，一个叫塞尔蒙·斯坦顿的人更是公开宣称他不愿意与那个笨蛋长臂猴为伍，他甚至和朋友说："我们何必去动物园里看猴子呢？总统府里就坐着一位，正抓耳挠腮呢！"

斯坦顿曾经是俄亥俄州的著名律师，当年和林肯受邀为同一个案件辩护时，他对林肯极其无礼，和朋友聊起林肯时，更是称对方是"长臂大猩猩"，并粗暴地要求他退出案子。虽然这是一段不愉快的合作经历，但是也让林肯见识到斯坦顿对事业的殚精竭虑和奉献精神。同时，林肯知道此人立场坚定地拥护联邦统一。因此他听到对方的这些侮辱性话语时，不但没有生气，还大度地任命其为战争部部长。

可是，就职后的斯坦顿并没有停止对林肯的攻击，仍在不同场合攻击、谩骂林肯，拒绝执行总统的命令，甚至在一位议员带着林肯的手令去找斯坦顿时，拍案而起，大骂林肯是一个浑人。当人们都以为林肯会撤掉斯坦顿时，林肯却报之以宽容的一笑，并大度地说假如斯坦顿认为他是一个浑人，那自己就一定是了，因为斯坦顿几乎一切都是对的。这些话传到斯坦顿的耳中，让他受到了深深的触动，从此他缓和了对林肯的态度，甚至在遇到事情时主动向林肯求助。

一次，一位少将用侮辱的话指责斯坦顿，说他偏袒一些人。斯坦顿很生气，就找到林肯向他倾吐。林肯建议他用一封措辞严厉的信回敬对方。斯坦顿依言写好信，拿给林肯看。林肯高声叫好，但当斯坦顿把信叠好装进信封里时，林肯又告诉他写这封信的目的已经达到，就是把坏情绪释放掉，接下来就要写一封处理问题的信，而不是发泄情绪的信件。

可见此时二人已经成了无话不说的朋友。等林肯在福特戏院遭人暗杀后，斯坦顿痛惜地说林肯是美国有史以来最伟大的总统。

【评析】

人际相处中矛盾和纠纷的产生是不可避免的，没有一个人能获得所有人的喜欢，如果在发生矛盾后因此与对方断绝联系，老死不相往来，或者针锋相对，可能会给自己的工作和生活造成麻烦。聪明的人会利用礼尚往来的方法巧妙地打动对方，促成良好的关系的形成。林肯就是这样的一个聪明人。

从上述事例可以看到，对于斯坦顿这个几乎处处、时时针对自己的人，林肯既不是避而远之，也不是与之针锋相对，而是避其锋芒，采用了"将欲取之，必固予之"的支援手法。他不但光明正大地给了对方一个要职——战争部部长，而且在日常工作中对其施以援手——指导其理性沟通，最终感动了对方，得到了他的敬佩和极高的评价。这种来自曾经攻击过自己的人的最高评价，就是对一个人最高的褒扬和肯定。

当然，采用施以援手法的前提是我们要修炼一颗强大的心脏，要真正认识到"冤冤相报何时了"这一古训背后的深刻含义，还要清楚双方的性格，明确自己是否能做到持续且宽大地施以援手，直到打动对方，还要明确对方是否能在接到你的援手时有所触动。还要记住：所有长久的关系都是对等的。能量对等，才能相互赋能；付出对等，才能相处舒服；认知对等，才能相互理解；价值对等，才能相互成就。

三十、刚柔并济

【原典】

刚柔互用，不可偏废。

【简译】

刚强与柔和相互弥补，两手都要强，不能偏废了某一方。

【评议】

这句话出自《曾国藩家书》，后半句是"太柔则靡，太刚则折"，合在一起意在说明做人要灵活，该谦恭时谦恭，该刚强时刚强，不然轻则一事无成，重则招致祸患。它实际道出了人际关系中一个重要的原则：刚柔并济，适时而为。

宋朝著名的政治家赵普事宋太祖、宋太宗两朝，为相数十年而屹立不倒，靠的就是刚柔并济的处事原则。一次，宋太祖让赵普为一个空缺的职位提名，赵普经过考察后提交上一个人名，结果宋太祖因为不喜欢这个人就让他重新提名。没想到，接下来的几天赵普每天都提交的是同一个人的名字。宋太祖大怒，把写有人名的名单撕烂，并当庭斥责赵普，但赵普只是无声地捡起碎纸离去，并不出言辩解。过了两天，当宋太祖又向他要名单时，他竟然将用糨糊粘好的名单拿出来。宋太祖哭笑不得，无奈地询问他一定要选此人的原因，赵普就细心地解释了此人的优点，最终宋太祖起用了此人。

在上面的故事中，赵普面对握有生杀大权的皇帝，与之沟通时就采用了刚柔并济的方式，既不在朝堂上据理力争，也不屈从于皇帝的威严，投其所好提交名单，而是韧性十足地坚持自己的意见，最终达到了说服对方、举荐贤才的目的。可见赵普深谙人际相处的艺术。

人际交往中坚持刚柔相济的原则，一方面可以向对方表明自己有做人做事的原则，不会轻易妥协，另一方面还能向对方证明自己能尊重和理解其观点和需求。这样一来，在人际相处中就做到了该坚持原则的时候坚持原则，该灵活处理的时候灵活处理，让对方清楚什么样的事情可以与你协商，什么样的事情不可协调，将可能发生的矛盾避免，维护了双方关系，利于良好的人际关系的建立。

【事例】

蔺相如刚柔相济驳秦王

公元前279年，秦昭王约赵惠文王在黄河外的渑池相会。赵王为了避免像楚怀王一样有去无回，同时还能维护赵国的尊严，于是让大将廉颇留在国内辅助太子，让上大夫蔺相如陪同其赴会，将军李牧率领五千精兵随同保护，平原君赵胜则率几万大军驻扎在渑池三十里外的地方作为接应。

双方会面后没多久，秦王就以听说赵王喜欢音乐、弹得一手好琴为由，让赵王为他弹奏一曲。赵王推辞不过，只好勉强弹了一曲。秦王在拍掌叫好后，让随行的秦国史官将这件事记录下来，说赵王为秦王弹琴助兴。赵国君臣气愤不已，可碍于礼节又不好当场发作。这时，蔺相如拿出一个瓦罐跪到秦王面前，请求秦王展示一下秦国击缶的音乐技艺，秦王大怒，令其退下。谁知蔺相如不退反进，大声斥责秦王欺人太甚，如果他不答应，自己就会与他拼个鱼死网破。秦王害怕了，不得不勉强敲了一下瓦罐，蔺相如马上让赵国的史官记录下来，说秦王为赵王击缶助兴。接下来，为挽回秦王的颜面，秦国的大臣以当天是秦王生日为由，要求赵国割让十五座城池给秦王作为生日礼物。蔺相如却不紧不慢地站起来回答说当天也是赵王的生日，让秦国割让咸阳给赵王贺寿。

就在双方的矛盾一触即发的时候，秦王获知赵国数万大军就在附近驻扎，于是不得不眼睁睁地看着赵王一行离开。归国后，赵王因蔺相如护驾有功，拜他为上卿。

【评析】

上面的故事出自《史记》，从故事中可以看到，蔺相如在处理秦赵之间的矛盾冲突时，不是直接硬碰硬，也不是一味地委曲求全，而是采用了刚柔并济的方式，既维护了己方的利益，又给了对方台阶，得体地维护了双方的关系。

蔺相如的"刚",表现在处理问题的态度上。当秦王拒绝为赵王击缶时,蔺相如全身的气场全开,强硬地要求秦王必须答应,否则会以命相搏。这样的态度是被秦王的无礼逼迫的,即使是撕破脸面,发生冲突,秦王也是理亏的一方,此时的"刚"恰到好处,不怕对方不答应或发怒。最后,秦王不得不答应请求,做到礼尚往来。

蔺相如的"柔",表现在提出要求的方式上。面对秦王来而不往的无礼行为,他先是巧妙地采用了"以子之矛攻子之盾"的方式,柔和地提出明确的请求——请秦王为赵王击缶。在秦国大臣提出让赵国割地贺寿时,他又不温不火地提出对等的要求,只不过要求的贺礼是"咸阳",表面上看是一城对十五城,数量上比对方的少,显得知礼,但实际上用一国之都作为贺寿礼代表着让秦国臣服,这样的柔中带刚,可谓杀敌不见血,无怪乎秦国君臣愤怒不已。

总之,蔺相如在渑池之会上处理问题的方式提醒我们,面对人际交往中的一些问题,尤其是涉及彼此的利益时,巧妙地坚持刚柔并济的原则,不但可以维护双方的尊严,而且可以保护自身的利益,在某种程度上维护了双方的关系,为后续的合作留有余地。

需要提醒的是,运用刚柔相济的原则时要注意方式方法,对于需放手、得饶人之处,要放得巧妙,让对方承情、领情;对于该坚持和争夺之处,要寸土不让,做到态度坚定,语言柔和。如此一来,才能柔中带刚地给人以强大的自信和力量感,而且刚中带柔地表明坚毅中留有缓冲的余地,从而在达到目的的同时维护了关系。

三十一、大智若愚

【原典】

藏巧于拙，用晦而明。

【简译】

把智巧藏于朴拙之中，用隐晦的方法表现聪明才智。

【评议】

此句出自明代还初道人洪应明的《菜根谭》，后面还有半句："寓清于浊，以屈为伸。"大意是指在日常生活中，凡事宁可表现得朴拙一点也不可自命清高，学会以退为进的方法。它同样为我们处理人际关系提供了相应的原则——大智若愚。

春秋时卫国的大夫宁武子先后历卫文公和卫成公两朝，卫文公是明君，在其执政期间，宁武子充分发挥自己的聪明才智，辅佐其兴利除弊，大力整顿国政，卫国因此政通人和、民富国强，宁武子也得以扬名列国。卫成公荒淫无道，不干正事，因此在其执政期间，宁武子经常犯愚做糊涂事，过着无心朝政、无所事事、浑浑噩噩的日子。当时的卫国处于内忧外患之中，但最终得以存续下去。朝野上下开始时对宁武子寄予了厚望，后来失望，最后恍然，原来宁武子是在借装傻装糊涂来保护自己，让自己得以保全性命，从而保全卫国。

宁武子这种保护自己、以待时机的处事方式，就是难得糊涂的做法，也就是大智若愚。因为愚，才能不被国君防备，才得以有机会达成自己的目标。实际上，愚只是表面，智才是内里。一个大智若愚的人，是真正的聪明人，是懂得保全实力，以图东山再起的迂回之策，更是维护人际关系的必要手段。

试想，一个聪明人和一个偶尔犯点蠢的人，谁更能让人感到安全呢？心理学上的出丑效应表明，太过优秀的人会让人产生不真实、不可亲近之感，会让人们对其持敬而远之的态度，无法获得他人的接纳和喜欢。反之，一个偶尔犯点蠢的人，则会让人感觉更真实，人们在其面前会感到更轻松，不会产生压迫感和距离感，从而更能获得他人的喜爱，因此也就更能获得良好的人际关系。

所以古人才有"人无疵，不可与交，以其无真气也"的说法。因为真实才会给人留下深刻的印象，才能让别人愿意将他请进家里，也愿意为他打开心门。

如何在人际交往中凭着大智若愚获得大家的认可呢？

一是要清醒地认识自己，不能自视过高。这就要求我们在做人做事的时候不要太高看自己，总认为自己事事胜别人一头，而是认识到自己也有长处和短板，在与人相处时不要小聪明，懂得收敛自己的锋芒，低调做人。

二是要注意适可而止。一个人太过聪明易招人妒，也易使自己养成恃才傲物、目空一切的不良习性。同样，一个人过于谨小慎微，无论何时何地都不敢说不敢做，也会遭到大家的忽视和轻视。与人交往时，要依据交往对象和情境，适时表现自己的聪明，适时装傻充愣，如此才能让人亲近、欣赏你，同时重视你的态度，愿意与你同进退，共谋事。

【事例】

司马懿隐忍获时机

三国时期有一个人极其擅长装傻充愣，并因此而获利，这个人就是司马懿。

司马懿早年因为善谋略而被曹操强行征召到手下，曾随曹操征讨张鲁、孙权，后来成为托孤辅政之重臣，掌控魏国朝政的权臣。但在做辅政大臣期间，他看到魏帝曹芳年幼，同为辅臣的曹爽心怀狼子野心，于是司马懿为了自保，开始装病，不问政事。当曹爽特意派人以探病为由察看他时，他故意做出不良于行，生活不能自理，甚至连话都听不清的样子，从而解除了曹爽的防备之心，得以获得暗中准备的时间。最后他找到合适的时机，将曹爽及其党羽一举拿下，成为魏国实际的掌权者。

公元234年，司马懿和对手诸葛亮在五丈原对峙。司马懿看到五丈原地势险要，就故意与诸葛亮打持久战，消耗蜀军粮草，逼诸葛亮自行退兵。他命手下将士以逸待劳，不论蜀军如何叫骂，坚决不出战。无奈之下，诸葛亮就让人找来一套女人的头巾和衣裙，又写了一封亲笔信，派人送给司马懿。诸葛亮在信中极尽羞辱之词，甚至说他和妇人一样没出息，因此送他一套妇人的衣裙。诸葛亮想以此激怒司马懿，让他出兵和自己一决高下。没想到，看完信，司马懿居然无动于衷。他的面色由红转白，拿信的手不住颤抖，手上的青筋根根突起，脸上却装出一副不以为意的表情，甚至哈哈大笑地对信使说："既然孔明先生说我是一个妇人，那我就当一个妇人好了。"随后，他竟然收下了诸葛亮送来的"礼物"，并当着信使的面把衣服套在身上，戴上头巾和发饰，开开心心地原地转了三圈，还翘起兰花指做出妇人忸怩的姿态，问信使和帐中的将士好不好看。司马懿此举让蜀军信使不知所措，魏军将士怒不可遏。最后，司马懿穿着这身妇人衣裙坐下，面色和气地与信使闲聊，问诸葛先生身体如何，休息得怎么样，每天能吃多少饭。他问一句，信使答一句，说军师日夜操劳，早起晚睡，夜里休息不好，饭量也日渐减少。之后，司马懿挥笔给诸葛亮写了一封回信，又命人把他给诸葛亮准备的礼物拿出来，请信使一并带回。

信使走后，魏军将士群情激奋，纷纷请求带兵出战，誓与蜀军决一死战。司马懿却微微一笑，对他们说不必出战，蜀军也会主动撤兵。

果然，诸葛亮没过多久就病死军中。蜀军按照他临终前的部署，秘不发丧，整顿军马撤回汉中。

【评析】

以上故事出自《三国演义》，司马懿与诸葛亮是战场上的老对手，司马懿虽然在诸葛亮的手中屡屡受挫，但是笑到最后的却是他。究其原因，主要是此人极其擅长装糊涂，是一个大智若愚的人。这一点，从上面的故事就可以看到。

首先，司马懿有知人之智。在上面的两个故事中，司马懿知道曹爽是怎样的臣，魏帝是怎样的君，因此主动装病，给曹爽空间，迷惑对方，从而让自己获得积蓄力量、安排人手的时间和机会。司马懿也相当了解老对手诸葛亮，当对方让人送来信和妇人衣服时，他清楚这是为了激他出兵，因此干脆如其所愿，读信穿衣，甚至还大笑，真是"死猪不怕开水烫"，全然一副你奈我何的架势，迷惑了信使，让诸葛亮的计策落了空。

其次，司马懿能把握好装傻的"度"。在为了迷惑曹爽装病时，他知道必须给对方病入膏肓的印象，于是不但让自己"病"得不能走路，需要人扶着，而且连喝水也喝不到嘴里，甚至吐字不清，完全是一副老年痴呆的样子，这个"病"装得好，让曹爽彻底放心，助其达成所愿。对待诸葛亮，司马懿在装傻时，同样把握好了度。他表面上是装傻，从读信到穿衣，甚至还忸怩作态，只是为了迷惑信使，从其口中套得需要的信息，从而做出准确的判断。这个"傻"也是装得恰到好处。

司马懿无论装病还是装傻，都是一种大智若愚的表现，帮助他实现了自己的目标，达成了自己的愿望。但是必须看到，司马懿装病装傻固然达成所愿，但并不为人所赞颂，究其原因就在于其行为和目的不端。所以，人际交往中运用装糊涂之法，要以促成良好人际关系的形成为目的，要基于维护关系而不是伤害关系，这样的装糊涂才是真正的大智若愚。

第六章

酌情送「礼」

　　《诗经》中"投我以木瓜，报之以琼琚"的诗句，说明了人际交往中"投桃报李"、礼尚往来的重要性。"桃""李"是融洽关系的催化剂，是传情达意的信使，更是礼尚往来中重要的"礼"，它们既是某种实物、某种充满善意的情感，也是谦卑、真诚的处世态度。选择并运用好不同形式的表达真情实意、投其所好的"礼"，就把握了构建良好的人际关系的钥匙，就能够在礼尚往来中打开对方的心门。

匪报也，永以为好也

三十二、以情动人

【原典】

以财交者，财尽而交绝。

【简译】

靠钱财交往的，一旦钱财用尽，交情就会断绝。

【评议】

这句话出自西汉刘向主持编订的《战国策》中的名篇——《江乙说于安陵君》，告诫人们，如果人与人之间的交往一味地依仗财物，那么当财物用尽时友情就会断绝，以此提醒人们要追求建立在真情上的友情。换言之，这句话提醒我们要促成良好的人际关系，就要送上自己的真情。

春秋时期，俞伯牙在游到泰山时乘兴抚琴，琴声打动了樵夫钟子期，有感于对方能理解自己曲中的深意，俞伯牙将其视为知音，二人结为朋友，共同徜徉山水之间。后来钟子期病死，俞伯牙从此不再弹琴，这是对钟子期的友情的最为真挚的回馈。

这个中国历史上著名的高山流水觅知音的故事，之所以能流传到后世，关键就在于俞伯牙和钟子期的友情没沾染任何物质或名利的气味，有的只是满满的真情。因此无论是获得友情，还是回馈友情，首要的方法就是送之以"情"，用真情打动对方。

以真情为基础建立的良好的人际关系，看到的是"淡如水"的君子之交，而非"甘若醴"的小人之交。君子之交是建立在高尚的道德情操之上的，不与物质挂钩的；小人之交是建立在利益的得失基础之上的，直接与物质挂钩，与其说是情谊，不如说是交易，一旦一方在交易中没能获得预期的收益，那么就会曲终人散，交情绝。

人都是情感动物，真心真意真情是无法用钱财买到的，因此与人交往时，首先要看重情，即使双方的交往是始于利，在交往的过程中也要逐渐忘却利看到情。如此一来，才能在你来我往中满足彼此的情感需求，建立长久的情感联系。

如何在与人交往中恰到好处地送出真情这一无价之"礼"，促成双方感情的加深呢？

首先，真诚相待是基础。只有发自内心的真诚的话语才能打动人心，虚情假意的话只会让人感到厌恶。

其次，要学会站在对方的立场上说话。这就需要我们站在对方的角度思考问题，体察对方的情绪和情感，了解对方的心理需求，如此才能真正触摸到对方真实的内心，说出来的话才能真正触及对方内在柔软之处，从而打动对方。

最后，尊重彼此的不同。每个人在不同的成长经历中会形成不同的人生观和价值观。这就是为什么不同的人对于同一件事会持不同的看法。因此在人际交往中就要提升自己的认知，清楚导致"横看成岭侧成峰，远近高低各不同"是因为看待问题的角度不同，并不存在对错之分，从而不必强求观点一致，更不必为此争论不休。不妨本着"和而不同"的原则，理解对方，尊重对方，那么我们的以礼相待和尊重就会换得对方的以礼相待和尊重，双方就可以在礼尚往来中建立深厚的友谊。

【事例】

孟尝君失意见真情

孟尝君是"战国四公子"之一，本名田文，家世显赫，他的父亲田婴是齐国的宰相。田婴死后，田文继承了父亲的封地爵禄，被人称为孟尝君。自此，腰缠万贯的孟尝君便开始了他的养士事业，用大量的钱财在封地薛邑为自己招揽门客。

各国的宾客以及犯罪逃亡的人，听说孟尝君招揽门客，纷纷前去投奔他。孟尝君对待这些人几乎是来者不拒，不管是穷困潦倒的士人，或鸡鸣狗盗之辈，还是打家劫舍的土匪，甚至是被其他六国通缉的犯人，只要身有所长，都被他纳入门下，且这些人都被孟尝君不分高低贵贱地以礼相待。因此，孟尝君的门客多的时候达几千人。

供养这些食客需要强大的财力支撑，年景好时，孟尝君向困苦百姓发放的贷款还能按时收回。遇上灾年，百姓的收成不好，很多放出去的债都无法收回来。就在孟尝君对此感到头疼时，有人建议他让一个叫冯谖的门客帮着收债。于是孟尝君便召见冯谖，向他说明了情况，冯谖很愉快地答应了。就在孟尝君满怀期待地等着他顺利地收回外债、填补亏空时，冯谖却给了他一个"大惊喜"——将外债换成了"厚礼"。原来，冯谖到达薛邑后，核对完账目便烧毁了那些还不起的债券，还假传孟尝君的命令，说之前借给百姓的钱都不用还了，借此成全孟尝君的美名。虽然孟尝君对此非常恼火，但是木已成舟，便也只好作罢。

随着投奔孟尝君的门客越来越多，他的声名也越来越显赫，甚至传遍了七国。秦昭襄王听说齐国出了一个这么有本事的人物，便想把他弄过来辅佐自己。为此，秦昭襄王把弟弟泾阳君公子芾送到齐国做人质，要求齐湣王把孟尝君换到秦国当宰相。

齐湣王不敢得罪强大的秦国，就让孟尝君去秦国挂职。这样一来，秦国的大臣不愿意了，纷纷跑到秦昭襄王面前搬弄是非，秦昭襄王无奈之下，就决定将孟尝君暂时囚禁起来，想找个机会再把他杀掉，以免便宜了别人。后来，孟尝君在其门客们的帮助下，成功地虎口脱险，辗转回到了齐国，但由于秦国和楚国散布谣言，说天下诸侯只知孟尝君而不知齐王，使得齐湣王心生嫌隙，罢免了孟尝君的官。结果树倒猢狲散，那些曾经受到过他优待的门客纷纷散去，孟尝君不得不回到薛邑。然而让他惊异的是，当他到达薛邑时，当地的百姓扶老携幼地站在街道两旁迎接他。孟尝君见状非常感动，此时他才明白了冯谖当初烧债券为自己换仁义的意义。原来千金易散，唯真情长久。

【评析】

这个故事出自《史记》。孟尝君对待门客豪气大方，以财相助，以礼相待，当然希望关键时刻能收获他们礼尚往来的回报。但他没想到的是，他得势时门客趋之若鹜，失势时却树倒猢狲散，只剩下以情相还的薛邑百姓和以情相交的少数门客。由此可见，想在人际交往中保持一段长久的关系，以财诱人不如以情动人。

我们从故事中可知，孟尝君得意时以雄厚的财力广招门客，把他们敬为上宾。当孟尝君失意之后，那些贪图利益而来的小人丝毫不念旧情，一见无利可图便立刻逃之夭夭，正应了"财尽人散"的古话。反之，感念孟尝君以礼相待的少数人，在孟尝君逃离秦国时勉力相助，在他失意时不离不弃地追随他回到薛邑，用行动回报他真情以对的恩德。

薛邑的百姓之所以始终拥护孟尝君，源于孟尝君对他们雪中送炭的真情付出，比如百姓遇到困难时，他放贷资助他们渡过难关。同时，冯谖火烧债券之举也为他播下了理解百姓之苦的仁义的种子。冯谖以孟尝君的名义免除百姓无力偿还的债务时，相当于送给百姓一份救苦救难的大礼，收到礼物的百姓无不感激涕零。因此在孟尝君失势回到封地时，困苦的百姓用夹道欢迎的方式表达了对孟尝君的感激和敬意，也让薛邑成为孟尝君最后的退路。

无论是门客还是薛邑的百姓，孟尝君不仅给他们提供了财力和物力方面的相助，同时还给予了他们足够的尊重和礼遇。但在孟尝君遇到波折，人生起伏跌宕时，重利者无情无义，重情者始终相随。两相对比可见，以心相交的人际关系重情而不重利，也更加深厚持久。所以，与人来往的时候，要多用心去体会、去表达，在真诚的礼尚往来中用心沟通、传递真情，唯有如此，才能交到真正的朋友。

三十三、熟不拘礼

【原典】

情相亲者，礼必寡。

【简译】

情意亲近的人，礼节就少。

【评议】

这句话出自宋代李邦献的《省心杂言》，意思是说，亲近的人之间不会太过讲究繁文缛节，因为彼此的情深义重，那些无关紧要的细枝末节就可以被忽略。由此可见，打造良好的人际关系，离不开礼尚往来，但礼尚往来还要分清亲疏远近，以免过度讲究礼节伤了真情。

清代申居郧在《西岩赘语》中说："礼貌过盛者，情必疏。"大意是一个人倘若过分讲究礼节，不分对象、不分场合地对人过分客气，那么这个人与大家的情感一定不会太过亲密，关系一定会很疏远。这也就是为什么熟人之间可以"熟不拘礼"的原因吧。

语言学家朱德熙和散文家汪曾祺是一对密友。二人从西南联大时共住一间宿舍，彼此没有秘密，加之有着相近的爱好，因此来往频繁。一次汪曾祺到朱德熙家玩，一边就着朱夫人蒸好的火腿喝酒抽香烟，一边与朱德熙谈天，不知不觉就喝掉了大半瓶洋酒和大半瓶茅台酒。谈得兴起时，朱德熙让汪曾祺吹笛子为朱夫人伴奏，听她唱昆曲《游园惊梦》。汪曾祺笑说自己的门牙都没有了，还能吹吗。尽管这样说，他还是吹了笛子，然后笑嘻嘻地说自己的门牙都没了，竟然还能吹。

汪曾祺在友人的家里是那么放松，不仅可以随意喝酒，甚至可以由着性情吹笛子，实实在在地做到了放飞自我，熟不拘礼。相反，倘若汪曾祺在友人家中正襟危坐，一板一眼地喝酒，因为怕打扰友人而不吹笛子，那么必定会影响二人的友情。

熟不拘礼是友情之深的体现，是友人之间已经达到了不拘小节、你懂我我知你的程度。要把握"熟不拘礼"的尺度，使之发挥促进友情的作用，就要注意少说客套话，做到实话实说。

真诚永远是人与人之间相处的第一准则，尤其是知己之间。好友之间需要对方帮助时要直言相告，即使不能办到也要直言相告；好友相邀，能去就干脆同意，不能也实言相告。总之，就是越简单越好，不必说客套话。

细心观察会发现，越是陌生的人相处，往往越爱说客套话，熟人相处则常常少了无聊的客气，多了真诚的关心或问候，究其原因就在于，客套话说多了，就会让人感到虚伪、不真诚，进而产生疏离感和距离感，从而影响了关系的进一步发展。

当然，这并非否认客套话的重要性，而是对于真正亲近的人来说，彼此本就情深义重，一句话一个眼神乃至一个动作对方就能领会，何须多言？相反，初次相识或者不太熟悉的朋友之间，还是要讲究适当说客套话，借助于客套话将内心的尊重和感激表达出来，这也是尊重他人和礼尚往来的表现。

【事例】

苏轼和佛印的"无礼"友情

每读苏轼的诗，总让人产生一种豁达之意，这固然与他在文学上造诣的深厚有关，或许也因为他喜欢参禅悟道，结交修行之人。而他和禅师佛印之间的"无礼"友情也因此流传下来。

佛印禅师，法名了元，字觉老，俗姓林，他少时出家，在宝积寺学习禅法，成年后因为精修空宗被称为"英灵的衲子"，先后在承天寺、斗方寺、开先寺、归宗寺、丹阳（今江苏镇江）金山寺、焦山寺等知名古刹修行四十多年。而他和苏轼之间的友情，就始于担任金山寺住持期间。

当年，苏轼在任杭州知府期间，经常到江边散步。某天他漫步西湖，听到了远处传来的悠扬的钟声。他循声而去，看到一位僧人正在敲钟，就上前与之交谈。这个僧人就是佛印禅师。在交谈中，二人互相被吸引，从此经常在一起品茶论道。慢慢地，在佛印的影响下，苏轼开始接触到佛家思想，进而逐渐领悟到生命的真谛。苏轼后期诗中那种豁达的心胸和意境应该和佛印对他的影响有着极大的关系。后来，由于经常一起参禅、打坐，在一来一往中二人的友情越发深厚，相处也越来越熟不拘礼。

一次，二人一起打坐结束后，苏轼就问佛印打坐时候的自己像什么，佛印答："一尊佛。"苏轼很得意，认为佛印在夸他，有点沾沾自喜。接着他就问佛印知不知道在他的眼中，佛印像什么，佛印答："不知道。"苏轼答"一堆牛粪"，然后畅快地大笑，为自己占了便宜而得意。等他带着得意回到家后，把这件事讲给妹妹听，苏小妹的话却让他顿失快意。原来，佛印之所以说苏轼看上去像一尊佛，是因为佛印心中有佛，苏轼说佛印像牛粪，说明苏轼心中只有牛粪。真是骂人都不带脏字。

自从与佛印相交，苏轼更加喜欢参禅悟道。某次，苏轼突然灵感迸发写下了一首偈诗："稽首天中天，毫光照大千。八风吹不动，端坐紫金莲。"他反复欣赏，颇为自得，于是就让书童乘小舟，把这首诗送给佛印鉴赏。没想到，书童捎回了一张纸，上书"放屁"两个大大的字。苏轼很生气，后果很严重，他直接找上佛门，质问佛印。佛印却慢条斯理地问他不是在诗中写了"八风吹不动"吗，怎么现在飞到江这边来了？不正是因为一个"屁"打过来了的吗？苏轼哑然的同时，明白了对方在提醒自己要修身养性，提升自己的修养。

一天，苏轼和佛印一起游瘦西湖。坐在湖中的船上，苏轼突然指着河岸的一条狗吟出："狗啃河上（和尚）骨。"吟罢还得意地回头看了佛印一眼。佛印不慌不忙地随手拿起苏轼亲笔题诗的纸扇往河里一扔，同时吟出"水流东坡诗（尸）"。这一回合，苏轼虽然又败北，但是快乐却从他压不住的嘴角溢出。

苏轼喜欢美食，一次得到一条大鱼就想请佛印一起分享。但他还想逗一逗好友，就神秘地说请佛印第二天到家来吃半鲁。第二天，佛印在苏府一边大快朵颐地享用着由一条大鱼做的菜，一边对"半鲁"那道菜满怀期待。眼看饭要吃完了，半鲁还没上来，他就追问苏轼，怎么还不将半鲁送上来。苏轼大笑着说他已经将半鲁吃到肚子里了。他这才明白，所谓的"半鲁"就是"鲁"字的上半部分，即"鱼"。佛印想了想，就说"来而不往非礼也"，自己也要请苏轼吃半鲁。苏轼也在次日欣欣然到了佛印的住所，坐在院子里等半鲁。结果眼看午饭时间已过，佛印还没有吃饭的意思。他就问对方什么时候吃饭，佛印答你已经在享用半鲁了呀。苏东坡这才恍然大悟，原来佛印请自己来享用的是"鲁"字的下半部分，即日，也就是日光浴呀。

【评析】

以上这些故事出自《东坡问答录》，真实性有待考证，但透过这四个故事，却能让我们明白一些人际交往的基本原则。苏轼和佛印作为一对亲密的好朋友，他们互相欣赏，又互相逗趣，全然看不到大文豪的端庄和得道高僧的庄严，究其原因就在于他们是知己，已经相处到了熟不拘礼的地步。这样的朋友，礼多则情浅，不拘小节地相处，反而多了真情的流露，少了假意的敷衍。

在打坐故事中，苏轼和佛印的互相戏谑、熟不拘礼体现在"佛"

和"牛粪"上，放在一般人身上，早就勃然大怒，但被称为"牛粪"的佛印不怒，因为他知道好友的性情；苏轼在明白其中的道理后也不怒，因为他知道好友在戏谑中点拨自己提升修为。在偈诗故事中，苏轼能将随手偶得的偈诗与佛印分享，说明他将对方视为知己，佛印不去虚伪地夸奖和逢迎，而是回以"放屁"二字，或许就是想借此将好友引到身边，二人畅聊一番呢，而苏轼虽怒冲冲而去，却乐呵呵而归，因为又被朋友提点了。在游瘦西湖的故事中，纯然的友情、不带杂质的感情在他们之间流动，这样的友情倘若多了端庄，少了随意，仿佛就少了那份真情和意味了。在"半鲁"的故事中，好友之间的互相捉弄，仿佛天真的孩子在逗趣，互相之间纯然的喜爱之情溢于其中。

总之，于苏轼和佛印而言，"无礼"是一份无价之宝，是真情的写照，是相互的了解，因此他们不惮以"无礼"对"无礼"，于是在看似无礼的你来我往中，留下了关于友谊的佳话，也给历史添了许多乐趣，更给后人提供了朋友之间的相处之道：熟不拘礼就是一份最好的礼物，用自己的舒适自在告诉朋友，有你在，我很好，因为有你，这世界真好！

三十四、酌情退让

让他三尺又何妨。

【简译】

让他三尺又有什么关系呢。

【评议】

这句话出自清代张英的《观家书一封只缘墙事聊有所寄》，意在劝诫人们与人交往时不必斤斤计较，适当的时候不妨主动退让一步。

咸丰二年年底至次年年初（1852年年底—1853年年初），清政府被太平军打得节节败退，为了利用民间力量镇压太平军，四十三岁的曾国藩被任命为湖南团练大臣，负责协同湖南省团练乡民、搜查土匪诸事务。然而，因为团练大臣之职只是虚衔，没实权，地方官员不听从，曾国藩在长沙练兵处处受阻，得不到支持。就在一些人等着看他的笑话时，曾国藩却选择了退让，将湘军带到偏僻的衡阳，不和长沙的权力中心人物争权夺利。这样一来，少了官场上的钩心斗角，他得以将精力集中到湘军的创建和训练中。在一年多的时间里，他不但拥有了一支强悍的水陆湘军，而且还因为避让之举，获得了长沙那些官员的好评。

曾国藩用自己的退让送给了长沙官员一份礼物，对方则投桃报李地没再给他制造障碍，让他得以集中精力完成目标。这件事进一步说明了人际交往中选择以适时退让作为一份礼物，不但可以缓和紧张的人际关系，还能为自己赢得更广阔的发展空间。

得体而有策略的酌情退让，是人际交往中主动向对方送上的一份礼物，可以缓和双方的矛盾，让双方从怒目相向转为和谐友好，让关系的发展进入礼尚往来的良性循环。当然，要让这份大"礼"发挥作用，就要送得恰到好处。

一是居"高位"时要退让。所谓高位，一方面指身份或职位高，另一方面是指在矛盾中处于正义或得理的一方。在双方矛盾紧张或激化时，适时退让，给对方一个台阶，远比趾高气扬地发号施令或得理不饶人更能赢得人心，让对方心服口服，对方就会在此后的工作中礼尚往来地给予相应的支持，这利于工作的安排或处理。

二是居"低位"时要退让。所谓"低位"，一是指身份或职位低，二是指矛盾发生时处于下风或不占理的一方。无论是何种低位，适时退让而不是强词夺理，这不是示弱，而是"不争而善胜"，满足了对方胜利的喜悦感，不但可以让对方礼尚往来地放我们一马，还让我们获得了重新前进的机会。

当然，酌情退让不是委曲求全，不是一退再退，否则会让对方得寸进尺，以后更加难以沟通和相处。因此在"酌情退让"前要注意找准退让的时间点，把握退让的分寸，明确自己的底线和原则。只有在尊重自己和他人的前提下的适度退让，才能以友好的方式解决人际关系中的矛盾，让双方和谐共处。

【事例】

蔺相如退让换来将相和

当初，蔺相如因为接连立功，赵王拜其为上卿，位置在廉颇之上。廉颇对此非常不服，认为自己身为赵国的大将军，是凭着领兵作战立下的赫赫战功才得到如今的荣耀的，而蔺相如凭三寸不烂之舌就轻轻松松地居他之上，不公平，因此扬言要找机会狠狠地羞辱蔺相如一番。

廉颇的这番话传到了蔺相如耳中，接下来的日子里，蔺相如但凡出门势必要尽量避开廉颇，不肯与他正面相遇。就连日常上朝时，蔺相如也尽量避免与他见面，有时甚至以身体不适为由推托不上朝，就是不想在朝堂上跟廉颇发生冲突。有一次，蔺相如出门，远远看见廉颇的车正往这边走，他急忙叫人转入小巷避开了。廉颇见状，得意极了，觉得蔺相如怕了自己。

蔺相如的门客们看着蔺相如一次次避让廉颇，就相约一齐劝说，并声称他们之所以愿意投靠他，就是因为仰慕他的高尚品德和节义，可是现在他的职位在廉颇之上，却因为廉颇的恶言而一次次躲避他，就算是普通人也会觉得羞耻，更何况是他这样位高权重的官员呢！因此他们就扬言如果蔺相如继续躲着廉颇，他们就离开他。蔺相如心平气和地告诉门客们，自己连秦王都敢在朝堂上呵斥顶撞，又怎么会怕廉颇，自己之所以选择退让，是因为将相失和会给国家造成损失。

廉颇听到这番话后幡然悔悟，并且为自己的所作所为感到羞愧难当。于是他脱去上衣，背着荆条，由宾客引导来到蔺相如门前请罪。经此一事，二人不仅重归于好，还成为生死与共的朋友。

【评析】

这个故事出自《史记》。从故事中可以看到，蔺相如对廉颇一再退让，最终换来了廉颇亲自登门道歉，从而留下了一段关于退让的佳话。

蔺相如的酌情退让是从国家大局出发做出的，是居于高位时的退让。他的退让，是因为听到了廉颇对位置在自己之下颇有微词，考虑到两人关系对国家利益的重要性，斟酌权衡之后，他选择尽可能地避免与廉颇见面，不给他发作的机会。这是以自己的大度谦让为礼的主动退让，向廉颇传达的是和解的信号。正是他的这种大度退让，缓解了冲突，维护了朝堂的安宁和人际关系的和谐。反之，如果蔺相如不让，势必会上演一场文武斗，最终失了个人颜面，伤了国家尊严。

廉颇认清了自己为了一己之私利而扬言羞辱同僚，是不明事理、无理取闹的行为后，他为自己一时昏聩、舍大义的狭隘心胸感到羞愧，更是感动于蔺相如的礼让表现出来的大义，因此在收到了蔺相如递过来的橄榄枝后，主动放下颜面，亲自登门向他请罪道歉。这是对蔺相如的礼让做出的积极回应。

总之，正是由于蔺相如的"酌情退让"和廉颇的"请罪道歉"，才为后人留下了千古佳话——将相和，而二人的和谐共处换来了赵国的团结安定。这个故事启示我们，人际交往中要学会酌情退让，方能将"让"这一"礼"送得恰到好处，达到避免矛盾升级、退一步海阔天空的效果。

三十五、重行轻言

【原典】

君子欲讷于言而敏于行。

【简译】

君子要在言语上表现木讷，但是在行动上十分敏捷。

【评议】

这句话出自《论语·里仁篇》，意在强调在人际交往中多做少说，要以实际行动为"礼"，向对方传情达意。具体到人际相处中，要以实际行动为"礼"促成良好的人际关系，而不是光说好话不办实事。

现实生活中，总有这样一些人，他们口才很好，思维敏捷，言辞犀利，无论和谁相处都急于表现，张口就要占据口头上的上风。他们不知"重行轻言"的重要作用，赢了沾沾自喜，不知自己亲手斩断了与对方礼尚往来的联系；输了愤愤不平，便也慢慢与对方疏离。事实上，无论言辞上的输赢，都已经输了与对方的交往。相反，话少踏实的人，知道此时无声胜有声的道理，知道行动大于语言，所以在与人相处时，更多的是用行动表达情感，比如朋友难过时不是喋喋不休地讲道理，而是默默地陪伴，适时递上纸巾，陪其出去散心，这样的"礼"更能送到对方的心窝里，当然更让人值得信赖。

汉朝的御史大夫周昌天生口吃，但他每次说话都非常有用，所以刘邦很听他的劝谏。有一次，刘邦觉得太子刘盈性子太过于软弱，便想废掉他，改立自己宠爱的戚夫人之子刘如意为太子。周昌听说这件事后并未急于进谏，过了几天，刘邦单独接见他时，他结结巴巴地说："陛下虽欲废太子，臣期……期……不奉诏。"他的意思是说自己虽然口吃，但是明白这件事不能这么做。如果刘邦非要废太子，那他是不会奉诏的。周昌说得越急，口吃越严重。刘邦此时早已心平气和，听得进不同意见了，他知道周昌一向惜字如金，每有进言必恳切有理，便无奈地冲他笑了笑，表示此事就此作罢，让他安心去做事。

由此可见，人际相处中，做到少说话，每句都说到重点，别人才愿意听，这样的"礼"才受欢迎；事要多做，做到别人的心坎上，别人才愿意与你交往，这样的"礼"别人才愿意接收。千万不要弄反了顺序，不然就可能会因为失礼而招来祸端。

【事例】

重行轻言的顾贞观

清代文学家顾贞观很早就以文章名闻天下。当时苏州吴江还有一位大才子吴兆骞，他们两个人脾气禀性相投，彼此惺惺相惜，来往十分密切。

　　当年，吴兆骞在顺天府的乡试中一举考中了南元（清朝惯例，北京顺天府的乡试，不受户籍限制，每个省的秀才都可以参加，但是第一名解元一定要从直隶省秀才中录取，第二名一定是南方人，称为南元），但由于有人举报这一科考试存在严重的舞弊行为，顺治皇帝下旨让所有中举的人都到金銮殿（太和殿）上参加复试。吴兆骞恰巧生了重病，无法提笔作答，只能交了一份白卷。顺治皇帝以此认定吴兆骞的南元是花钱买来的，一怒之下，抄没了其家产，将他本人连同一家老小都发配到了边疆。吴兆骞被发配的时候，顾贞观也正好在京师，他亲自送吴兆骞离京上路。临别之际，顾贞观握着他的手承诺会在二十年内拼尽全力将他救回来。

　　康熙年间，顾贞观在尚书龚鼎孳等人的推荐下开始入仕为官，但是由于官职不显，没有能力救吴兆骞。直到康熙十五年（1676年），在朋友的介绍下，顾贞观进了武英殿大学士明珠的府中当塾师，和明珠的儿子纳兰性德成了莫逆之交，才得到了救自己好友的机会。由于这个案子是由顺治皇帝亲自审定的，要想翻案并不容易，为了被流放边疆后过着十分艰难的生活的好友一家，顾贞观故意让纳兰性德看到自己在写给吴兆骞的回信中所录的两首《金缕曲》词作的草稿，纳兰性德大为赞叹，感动于他对朋友的情谊，主动提出助他一臂之力。应纳兰性德相求，明珠给了顾贞观为朋友申辩的机会。顾贞观在明珠的书房中，打破从不饮酒的惯例，又应明珠所求以旗人的礼仪向对方请安，最终换得明珠全力相助，吴兆骞终于得以赎罪放还。

然而，因为顾贞观没有告诉吴兆骞这些年他所做的事，吴兆骞并不知道顾贞观为了营救他付出的诸多努力。回到京城之后，因为一件小事，吴兆骞误会了顾贞观，两个人断绝了往来，吴兆骞还时常说一些顾贞观不够朋友的话。直到明珠听说此事后，将顾贞观所做的一切告诉了吴兆骞，吴兆骞这才羞愧交加，长跪在顾贞观面前大哭不已，不停地道歉。二人之间的误会才得以消除，交情不减反增。

吴兆骞放还后的第三年就因病而亡，继而纳兰性德也因病去世。顾贞观一时之间失去两位至交，悲痛不已，无心做官，回到家乡无锡过起了隐居生活。

【评析】

从顾贞观和吴兆骞、纳兰性德的情谊中，我们可以看到以"行"为礼促成的深厚友情。可以说，顾贞观用自己的"重行轻言"为自己的朋友送上一份大礼，而吴兆骞、纳兰性德更是以自己的"行"作为回报，让双方的友情在礼尚往来中绵绵流淌。

顾贞观与朋友交，重行轻言。吴兆骞被发配后，他以"二十年内拼尽全力将他救回来"为目标，扎扎实实地实践着自己的诺言，哪怕是官职不显时也未敢忘记当初的诺言。明知救朋友的难度大，他还是挖空心思，甚至通过另一个好友纳兰性德找到了机会，更是打破自己不饮酒的惯例，放下清高，向明珠施礼。一切行动都是送给好友吴兆骞的"礼"，正是这些"礼"换来了吴兆骞的回归。同样对朋友纳兰性德，顾贞观以辞官归隐、结庐教书作为"礼"，告慰朋友在天之灵，传达出对朋友的深情厚谊。

作为顾贞观的朋友，吴兆骞、纳兰性德同样重行轻言。获知自己误解了顾贞观，吴兆骞用长跪的"行"送上作为给朋友的"礼"，这个"礼"是对朋友的感恩和歉意，也消解了彼此之间的误会。纳兰性德在知道顾贞观救朋友的心意后，主动提出帮忙，这是用"行"实实在在地送上一份厚"礼"，以此表达对朋友的赞赏和支持，也换得了离世后顾贞观以辞官归隐作为的回礼。

总之，这个故事给生活在喧嚣红尘中的我们以提示，要交到真正的朋友，"讷于言"是智慧，"敏于行"是能力，人际相处中只有在深思熟虑之后迅速投入行动，才是礼待他人、尊重他人，也是成全自己。

三十六、一视同仁

【原典】

上交不谄，下交不渎。

【简译】

结交上级不谄媚阿谀，结交下级不随意轻慢。

【评议】

这句话出自《周易》，强调的是与人交往的平等原则，即不管我们与什么人交往，都要一视同仁，对上不谄媚，对下不轻慢。这实际上道出了促成礼尚往来的人际关系的重要手段——以一视同仁为礼，促成平等的人际交往。

著名画家黄永厚一直坚持他的画只卖给懂画的人。一天，有个很有权势的人为了附庸风雅想向他买几幅画，于是便带着许多现金登门求画。黄永厚对其拒之不见。后来又有一天，一个喜欢画画的农民因为喜欢黄永厚的作品，于是拎着一只老母鸡上门，想向黄永厚求画。黄永厚不仅慷慨地送给他一幅画，还让他把老母鸡带回去。

　　黄永厚在对待有权势之人和喜欢画画的农民时，就是用一视同仁为"礼"，告知对方自己做人做事的态度，以及与其交往的原则。可以说，他的这份"礼"不仅体现了对所有人一视同仁的态度，而且表明了他的交友标准——对艺术的欣赏和真诚待人的态度。当他将这份"礼"送给他人时，也间接表明了与人交往的原则和底线，这样一来，每一位想与其交往的人就会以此检视自己是否与他具有同等的交友观，并在与其交往时做到不破坏其规矩。如此一来，礼尚往来中才能与其建立和谐友好的关系。

　　当然，以一视同仁为"礼"叩开他人的心门，促成礼尚往来的人际关系的形成，我们需要在与人相处时把握好"一视同仁"的原则，即对待上级不谄媚、不奉承，并不代表不尊重，而是在遵循相关的礼节，尊重上级意见和决定的同时，勇于用合礼合规的方式提出自己的看法和建议；对待下级不轻慢，能以礼相待，不以势压人，不越界，尊重下级的看法和建议，如果下级确有需要帮忙的合理诉求，要给予适当的援助。

【事例】

张释之一视同仁

　　西汉时期的法学家、法官张释之，以执法公正而闻名。不管犯人是何身份，他都一视同仁，秉公办案，对上不谄媚，对下不轻慢，因此深得汉文帝赏识。

　　张释之曾担任公车令，掌管宫门事宜。一次，张释之在宫中执法时，看到太子刘启和梁王刘武同乘一辆马车入朝见驾，到了司马门没有按规定下车，而是仗着身份傲慢地坐在车上往里闯。门卫也不敢过问，只能放行。张释之立即带人追上太子的马车，拦车请他们下来。不管太子和梁王如何蛮不讲理，张释之都拦在车前坚决不放行。汉文帝在了解了事情的经过后，不仅称赞张释之恪尽职守，支持他秉公执法，而且让太子和梁王向张释之摘帽道歉，以后更加器重他，提拔他做了廷尉，将全国最高司法权交到了他的手上。

　　做了廷尉以后，张释之更加兢兢业业，秉公执法，不因犯人或受害人的身份不同而罔顾国法。一次，汉文帝乘马车御驾出行。队伍走到中渭桥的时候，一个人突然从桥下跑出来惊了御驾，坐在车里的汉文帝险些被摔出去。汉文帝一怒之下让张释之将这个人抓起来，严加审问，治他犯上不敬之罪。

　　张释之在审讯中获知这个人是当地的一个农夫，虽然惊扰圣驾是事实，但这一冒犯之举是无意中做出的。如果按汉文帝的想法，治他犯上不敬之罪，不仅农夫自己难逃死罪，还会牵连他的族人。张释之综合考量当时的实际情况和农夫的无心之过，只按律法规定判他缴纳罚金，然后就把他放走了。汉文帝得知这一处理结果后非常愤怒，认为张释之无视他的威严。张释之实事求是地回禀他，指出按照律法，惊马原本就只被判处罚金，现在如果因为被惊到的人是皇上就从重处置，那么以后廷尉们都会以此为据根据受害人的身份而量刑，这样一来百姓就会惶惶不可终日。汉文帝听了张释之的解释，沉思良久同意了他的做法。

【评析】

这个故事出自《史记》。故事中的张释之身为执法者，对皇帝、太子有礼有节，对农夫执法有度，不因他们身份地位的悬殊而区别对待，执法时只以法律为准绳，真正做到了一视同仁。他以一视同仁为"礼"，作为对汉文帝的信任的回报、对百姓的尊重的回报和对不法之徒的敬畏的回报。

作为臣子，张释之深知尽职尽责，履行自己应尽的责任和义务，依法执法，才是确保皇帝安稳为君的保证，因此在宫中执法时，面对知错犯错的太子和梁王坚决维护律法的尊严，不卑不亢地要求对方遵守法则，这种一视同仁、依法办事的举动，是他对汉文帝的信任的回报，也是对汉文帝的赏识和尊重的回报之"礼"。

张释之深知"水能载舟亦能覆舟"的道理，媚上只能让皇帝获得一时欢心，真正为其考量就要秉公执法，让百姓感受到皇帝的亲民、爱民和守法，因此在处理御驾惊马一事时不是以皇帝的意志为转移，为讨好皇帝而从重处罚惊驾的农夫，而是依据实际情况依法处罚，换得了百姓对皇帝的尊重和信任，维护了皇帝的权威，这同样是以一视同仁为"礼"，回报皇帝的信任，回报百姓对朝廷的信任。当然，他同样收到了皇帝和百姓的回礼——皇帝更深的信任，百姓对皇帝的爱戴，对执法者的敬畏。

由此观之，不管是面对什么身份的人，在与其相处时，都要坚守住做人的底线和原则，用一视同仁为"礼"赢得对方的尊重和理解，从而在礼尚往来的人际互动中得以远行。

三十七、让美归功

【原典】

凡是自是，便少一是。

【简译】

有优点却自以为是，那么他的优点就少了一个。

【评议】

这句话出自《增广贤文》，不仅强调做人要谦虚谨慎，而且告诫我们，与人交往的过程中要用好"让美归功"这一特殊的"礼"，以自己的谦和礼让促成礼尚往来的人际关系。

何谓"让美归功"？"美"即美好的名声，"功"即功劳。"让美归功"的意思是不独占美好的名声和功劳，把它们让给应得的人。这是一种成人之美，以此为"礼"用于人际相处，可以赢得他人的尊重之礼，进而促成和谐的人际关系的形成。

春秋时期，越王勾践在经历了卧薪尝胆之苦，最终博得吴王夫差的信任，得以返回越国后，他不是将成功归于自己的辛苦付出，而是对大臣们说"苟非相国及诸大夫赞助，焉有今日"，将胜利的功劳归于以范蠡为首的众大臣，同时，他将越国灭亡、自己沦为奴隶的原因，归于"孤实不德"。这一让美归功的行为，感动了每一位臣子，加深了他们对勾践的负疚之情，强化了他们的报国之志。他们用倾心辅助回报勾践的"让美归功"，最终助他打败吴国成就霸业。

不仅是勾践，无数事实表明，身为管理者，如果能将功劳归于下属，将责任归于自身，不但无损于自身的形象，而且会让下属感到被重视，从而用更大的工作积极性和热情、更好的业绩回报领导的知遇之恩。

现代社会，团队合作是完成工作必不可少的方法和手段。这就决定了合作的成果势必要由多人分享，也就必然涉及每个人的功劳大小。聪明的管理者不妨以勾践为榜样，勇于承担责任，乐于让美归功于下属，公平公正地对待每一个人，那么其送出的让美归功之"礼"，团队成员会礼尚往来地还其尊重和爱戴，进而助其树立威信，使之获得更好的领导团队的资本。

【事例】

介子推功高不邀赏

春秋时期，由于晋献公宠姬骊姬的陷害，晋国公子重耳在外流亡十几年。后来，在介子推、赵衰、狐偃等人的辅佐下，重耳得以归国继承大位，成为世称的晋文公。

当初，重耳一行去齐国避难途中，经过卫国，卫国国君拒绝他们入城找吃的，君臣只好饿着肚子继续赶路。重耳饿得实在走不动了，众人四处找了些野菜煮成汤，端给重耳喝。野菜味道苦涩难当，重耳实在难以下咽。最后，介子推割了自己腿上的肉，煮成一碗肉汤给重耳喝，重耳才有力气和信心继续前行，否则也不会有后来继承王位的事了。因此在这些追随、辅佐晋文公的人中，功劳最大的当数介子推。

晋文公成功坐上王位后，开始对之前辅佐自己的人论功行赏。介子推因为生病在家，错过了论功行赏。事后，他既没有居功自傲，也没有向晋文公索要赏赐俸禄。有人问他如此劳苦功高，为什么不替自己争取点赏赐，介子推说晋文公是上天选择的可以将国家相托付的贤德之人，自己不能把上天的功劳据为己有。为了避免因为自己没封赏影响到晋文公的形象，也为了保持自己的高洁的品德，他干脆背着母亲躲进了山里，过上了隐士生活。

后来，晋文公想到了介子推的功劳，派人到绵上（今山西介休东南山中）寻找他，想让他回朝廷接受封赏，但由于谷深林密没找到。晋文公便烧山想逼介子推出山，结果介子推和母亲被烧死。晋文公就将绵山封为介子推之田，以感谢他追随救主之恩。介子推鄙弃名利的故事流传到后世，感动了无数人。

【评析】

这个故事出自《史记》。从故事中可以看出，介子推是一个品性高洁之人，主要表现在不居功自傲，做到了让美归功。

　　面对自己因病错过论功行赏一事，当有人为自己抱不平时，介子推没有自以为是地重提割肉救主之恩，也不说追随晋文公流亡时的劳苦功高，而是把国君取得的成就归功于国君的贤德和上天的安排，以此避谈自己对国君的恩情，不做挟恩求赏之人。他甚至为了避免国君的形象受损，保持自己高洁的品格，干脆隐居山林。即使晋文公派人去山中寻找，想以封赏回报他时，他也始终没有露面。正是因为介子推做到了让美归功，晋文公才不辞辛苦地寻找他，后世的人才传诵他的品格。

　　让美归功并非管理者的专利，同样可以成为普通人促成良好的人际关系的方式和手段。在人际相处中，不妨送上"让美""归功"这样的"礼"，赢得他人的尊重和感恩，在礼尚往来中创设良好的人际关系，为自己积累人气，打通人脉，让自己一步一步走向成功之门。

三十八、美人之美

【原典】

各美其美，美人之美，美美与共，天下大同。

【简译】

每个人都能发现、欣赏自身之美，也能发现、欣赏他人之美，就可以促成相互欣赏、相互赞美的人际关系，进而共同促进人类文明繁荣进步。

【评议】

这句话出自我国著名社会学家、人类学家费孝通在1990年12月提出的十六字箴言，强调的是一种包容接纳的人际相处方式，意在告诉我们，在人际相处过程中，要善于肯定和欣赏他人，并以此促成"美美与共"的人际关系，进而为个人成长创设良好的环境。

现实生活中，太多的人只看别人的缺点和不足，比如评论他人的长相时，不是眼睛小，就是嘴巴大，到处都是缺点；评论他人的能力时，不是表达能力不行，就是操作能力欠缺；评论他人的性格时，不是没深度，就是不着调。总之，因为他们不能做到美人之美，抓着他人的缺点和不足不放，以居高临下的优越感对待他人，当然无法获得他人礼尚往来的欣赏和肯定，自然也无法实现美美与共，促成和谐的人际关系的形成。

因此，要创设良好的人际关系，培养自己一双既能欣赏自己，也能欣赏他人的眼睛，不妨从以下两方面入手：

一是要允许他人做他人。每个人的成长背景和生活经历各不相同，所持的观点和思维方式千差万别，就像世界上找不出两片完全一样的树叶，同样也没有两个完全一样的人。因此，与人交往时，遇到与自己观点不同的人时要懂得欣赏对方的优点，包容对方的不足，对方也就会礼尚往来地回以真诚的包容和欣赏，由此方能在相互尊重和欣赏的基础上发展出和谐稳固的友情。

二是要有自己的判断力。美人之美，不是放弃自己的原则和观点随声附和，而是要在客观地求证和发现的基础上，看到对方的独特之处，给予对方应有的尊重，而不是强求别人在各方面完全和自己一致。就像法国启蒙思想家伏尔泰所说："我不同意你的说法，但我誓死捍卫你说话的权利。"这样的美人之美才是真诚的，才能打动人心。

总之，当我们具备了发自内心地欣赏和肯定他人的勇气、力量和心胸时，我们就会凭着肯定和欣赏之"礼"叩开他人的心门。

【事例】

美美与共的毕加索和达利

毕加索和达利都是20世纪西班牙画坛最伟大的艺术家之一。达利是超现实主义画派画家，毕加索则是现代画派画家，一生画法和风格多变。他们各自特立独行，独树一帜，但又相互欣赏和肯定，相互影响和竞争，最终形成了既亲密又紧张的朋友和对手的关系，互相交往长达三十多年。

1903年，毕加索的创作从"蓝色时期"进入了"粉红色时期"，开始了以描绘马戏团人物为主的创作历程。也是这一年，西班牙加泰隆尼亚北部小城费格拉斯迎来了未来的大师——达利。达利从小就表现出不一般的艺术天赋，6岁时就能用各种颜料随意挥洒涂抹，享受着创作的快乐。17岁时，达利进入毕加索的母校——马德里的圣费南多皇家美术学院开始专业绘画艺术学习，因为从毕加索的立体主义中汲取到了成长所需的营养，因此对这位大师充满了崇敬和向往之情。1904年，毕加索定居法国。22岁时，已经举办过个人画展的达利，第一次来到了巴黎。他不是先去艺术的圣殿卢浮宫享用"美餐"，而是叩响了毕加索的家门，向46岁的毕加索致敬。接下来，初次见面的二人就如同多年老友一样聊起来，达利向毕加索展示自己的作品，毕加索则带达利参观自己的画室。从这次深入的交流之后，二人成了忘年交，达利说出了"毕加索是西班牙人，我也是；毕加索是天才，我也是；毕加索举世闻名，我也是"这句广泛流传的名言。

此后的三年中，达利曾多次去巴黎拜访米罗、玛格丽特等大师，而毕加索更是他到巴黎的必见之人。在此期间，毕加索对达利的创作产生了极大的影响，因此在达利心目中，毕加索是他最崇拜的人，也是绘画之路上的"父亲"，是亦师亦父亦友之人。

1929年，25岁的达利完成了自己的首幅"达利式超现实主义"作品——《春日的第一天》，并在当年11月得以和48岁的毕加索在美术界相提并论。两年后，达利凭着作品《记忆永恒》取得和毕加索一样的大师地位。

此后，二人的友情中除了互相欣赏和仰慕外，还开始了创作追逐。他们先是同时在创作中运用极夸张的手法，继而又分别用立体主义和超现实主义手法推出自己的版画作品，即毕加索的版画《变形记》和达利的版画《马尔多罗之歌》。在你争我赶的创作中，他们互画肖像，表达情感。1923年，毕加索创作了有达利形象的《扮演小丑的萨尔瓦多》；24年后，达利创作了毕加索的肖像画《毕加索在21世纪的肖像》。

在创作追逐的过程中，他们不断地互相肯定和学习。1934年，毕加索特意为达利付清交通费用，请他参加自己首次在美国的画展。29年后，达利将自己收藏的毕加索创作的立体主义拼贴画捐给了位于巴塞罗那的毕加索博物馆。

【评析】

从毕加索和达利的友情可以看到，他们之间能保持30多年的礼尚往来，与他们能在各美其美的同时，又以"美人之美"为礼向对方表达自己的欣赏和肯定之情，从而建立了密切的关系，而这也正是他们形成"美美与共"的友情的重要基础。

首先，二人能在"各美其美"的同时"美人之美"。毕加索和达利都是画坛天才，他们都自视甚高，尤其达利更是因为恃才傲物、目无师长被学校开除过。就是这样的两个人，却早在没互相认识之前就互相欣赏。毕加索曾说："如果我有机会见到达利，我会向他脱帽致敬。"而达利也说："毕加索是我的上帝。"这种"美人之美"让他们有了更多的机会交流和切磋，也得以获得成长的营养。

其次，二人能一同进入"美美与共"。因为他们能欣赏自己，同时看到对方的优点和长处，所以他们除了将尊重和敬意作为礼物送给了对方，还在彼此欣赏和肯定的过程中获得成长的营养。比如他们在艺术创作中对共同手法的运用，对相似内容的选择，甚至互画肖像，而达利在短短的两年中进入了大师的行列。这都表明，正是由于他们在"各美其美，美人之美"的过程中互相学习，在创作追逐中互相激励，因此得以一同进入"美美与共"的状态。

毕加索和达利的忘年友情再一次证明，能做到既自我欣赏又欣赏他人的人，才能获得他人的真诚相待，才能获得良好的人际关系，因为这样的人能在"各美其美"的同时，以"美人之美"为"礼"，表达对他人的尊重和欣赏，当然也就会获得他人真诚的帮助，从而让双方共同进入"美美与共"的最佳关系。

三十九、礼轻情重

【原典】

物轻人意重，千里送鹅毛。

【简译】

从千里之外赶来送上鹅毛作为礼物，礼物虽轻，但表达的情意深重。

【评议】

这句诗出自宋代诗人邢俊臣的《临江仙·巍峨万丈与天高》，旨在表达礼物的贵重与否不能用金钱来衡量，而要看赠送人的心意，肯定了物质化的礼物在人际来往中同样可以发挥促进情感、提升关系的作用的同时，还提醒人们选择的礼物要能表达情意。

一年冬天，天气特别寒冷，宋太宗在宫中一边烤火，一边望着外面漫天的大雪。想到贫穷的百姓家在这样冷的天里可能没有柴火取暖，他就再也坐不住了，便派官吏带着木炭到街上去巡视，看到哪家百姓有需要就施以援手。受到救济的百姓无不感叹宋太宗的慈悲心肠，对他更加热爱和敬重。

这个故事说明物质化的礼物和关心倘若送得适时，真正满足对方的需求，不但可以表达情意，而且可以加深情意。

礼尚往来是中国的传统美德，现代人更是注重仪式感，送礼物自然是成为表达心意的最常见的方式。如何让物质化的礼物传情达意，达到促进双方关系的作用，这就是一门技术，更是一门艺术了。

一是要选对礼物。在送礼前，要根据收礼人的性别、年龄、性格、爱好、职业等情况确定送什么类型的礼物，比如明确收礼人是女性后，就可以再依据其年龄、性格、职业以及爱好，决定是送鲜花、饰品，还是化妆品、手袋。接着还要考虑彼此之间的亲疏程度，以及自己的承受能力，进一步确定礼物的价格范围。这样挑选的礼物才能既不增加双方的负担，还能传情达意。

二要注意一些相关的禁忌。本想借送礼物促进双方的联系和情感，如果不小心犯了对方的禁忌，结果就会画虎不成反类犬了。在送礼物时，不要挑选引起对方误会或者涉及对方禁忌的礼物。比如很私密的物品，或者与对方的信仰相悖的颜色、器物等，尤其是送给外国朋友，更要做好相关的功课。

当然，如果作为收礼人，还要考虑回礼问题。所谓礼尚往来，如果想达到促进双方情感、拉近关系的目的，收到礼物就要给予相应的回馈。一般来说，回馈的礼物最好与对方送的礼物等值或相差不大，如此才能达成平等的往来，过重或过轻的回礼均会在不同程度上影响双方的关系。回礼过重，会增加对方的心理负担；回礼过轻，则会让对方因为落差过大而误解传达的情谊，从而影响关系的进一步发展。

　　总之，人际交往中要借物质化礼物表情达意时，就要注意多花点心思，不能仅仅看价格，而要用心、用情赋予礼物更多的内涵。如此一来礼物才能起到传递情感，促成礼尚往来关系的形成的作用。

【事例】

千里送鹅毛

　　唐朝贞观年间，云南土司国缅氏是大唐的藩国。一次，缅王为了表示对大唐的尊敬，特意派自己的伯父缅伯高担任使者，向大唐进贡一批珍奇异宝。在这批珍宝中，有一只罕见的白天鹅，它是这次要献给唐太宗的最珍贵的礼物。

　　缅伯高最担心的也是这只白天鹅，因为云南到长安山高路远，队伍要走很久，难以预料会遇上什么特殊情况，万一白天鹅有个三长两短，怎么向唐太宗交代呢？因此缅伯高一路上始终非常小心，不放心将白天鹅交给其他人照料，一切亲力亲为，每天给它喂水喂食，一刻也不敢怠慢。

　　这天，使团来到了沔阳河边稍作休息，缅伯高照旧下车去照看白天鹅。看到它在笼子里伸长脖子，张大嘴巴，费力地喘息着，一点儿精神都没有，缅伯高顿生恻隐之心，于是就把白天鹅从笼子中取出带到水边，想让它喝水解渴。谁知，白天鹅喝饱了水，感受到了自由的气息，竟然轻轻地扇了扇翅膀，"扑棱棱"地飞到了天上！

　　缅伯高吓坏了，赶紧向前一扑，只抓到几根羽毛，他只好眼睁睁地看着白天鹅飞得无影无踪。他呆呆地望着手里的几根雪白的鹅毛，脑子里不断地回荡着几个问题："怎么办？回去吗？见到缅王怎么交代？还继续赶路吗？到了长安拿什么献给唐太宗？"

无论如何想，该面对的还是要面对。缅伯高继续赶路的同时，一直在想着如何向唐太宗解释天鹅飞走这件事。快到长安时，缅伯高终于想到了办法。他拿出一块白色绸子将几根鹅毛仔细包好，又在绸子上题了一首诗，之后便带着其他贡品和这几根珍贵的鹅毛去见唐太宗。

在向李世民跪地请罪后，缅伯高详细说明了弄丢白天鹅的经过，最后将那块包着鹅毛的绸子献了上去。

唐太宗打开绸子，只见上面写道：

天鹅贡唐朝，山高路途遥。

沔阳河失宝，倒地哭号啕。

上复圣天子，可饶缅伯高。

礼轻人意重，千里送鹅毛。

唐太宗看完缅伯高写的诗，哈哈一笑，不仅没有怪罪他，反而觉得缅伯高忠诚、不辱使命，于是赏赐给他很多财物，以示大唐对缅王及缅伯高一行的关怀之意。

【评析】

这个故事出自《路史》。千里送鹅毛，听起来像个笑话，但看完这个故事后，相信每个人都会被缅伯高办事的灵活、待人的真诚所打动。这或许就是这个故事得以流传至今的原因吧。

用鹅毛代替鹅，这看似不靠谱的做法，背后却是送礼人浓浓的情谊，于是让这份看起来不起眼的礼物变得格外沉重。因为它是跋山涉水、千里迢迢、不辞辛苦送到长安的，是送礼人真诚心意的表达，收礼人当然会被感动。反之，这份礼物如果缺少了背后的情谊，相信收礼人肯定会因为如此荒谬的礼物而愤怒不已，更不可能得到收礼人的礼尚往来了，或许得到的回报是割袍断义。

可见，人与人交往，礼物只是情感的载体，若彼此心意相通，礼轻也能表达浓浓的情谊，毕竟礼尚往来最终的目标还是促成心灵和情感的共通。

四十、情礼兼容

【原典】

争则乱，乱则穷。

【简译】

发生争夺就会造成祸乱，一有祸乱就会陷入困境。

【评议】

这句话出自《荀子·礼论》，意在强调人际冲突造成的不良影响，意在提示我们，在人际交往过程中要在发生矛盾时尽快化解，以免矛盾升级，避免带来更大的麻烦，使得自己陷入困境。

汉高祖十二年（前195年）秋，淮南王英布反叛，汉高祖刘邦率兵亲征，萧何受刘邦之命，以丞相的身份留守关中，负责安抚百姓、为大军督办粮饷、征招士卒等相关事宜。由于萧何此前治理有方，深得民心，因此刘邦怕他产生不臣之心。于是刘邦不仅多次询问粮草押运官萧何都做些什么，还多次派人"犒劳"萧何，以探听虚实，观察萧何的动向。萧何清楚刘邦开始不信任自己了，也理解正在解决叛乱的刘邦的心情，于是在几经斟酌后，决定将自己的儿子送到刘邦的身边，以此向对方表明自己的忠诚。果然，刘邦收到萧何的"忠心之礼"后恢复了对萧何的信任。

生活在群体中的人与人之间发生矛盾纠纷是不可避免的。正是因为不断解决矛盾冲突，社会才得以不断进步。因此人与人之间的矛盾如果解决得好，反而会成为加深感情的催化剂。在解决矛盾的过程中，适时送上合适的"礼"就成为解决矛盾的加热器。在君臣之间暗流涌动时，萧何及时送上的"礼"就起到了这样的作用。试想，如果没了这份"礼"，他不但会失去刘邦对他的信任，甚至可能招致杀身之祸。

高情商的人会在与人发生矛盾冲突时适时送上恰当的"礼"，比如同事之间发生冲突后及时送上一封和解之信，解释问题的同时还表达了和解之意；恋人之间发生矛盾后及时送上一份精心挑选的礼物，借以表达自己的愧疚和对对方的珍惜；在工作中出了差错后尽自己所能弥补过失，借行动向上司表达自己的知错改错之意……总之，倘若能在处理矛盾时做到以"礼"传情的效果，那么对方就会因为这份"情"而心存顾念，或多或少会留点情面，矛盾冲突也因而得以缓解，从而为解决冲突留出空白。最重要的是，有"礼"的存在，让彼此也能保持应有的德行和修养，并依礼协调秩序，依礼解决问题，而不是胡搅蛮缠。

总之，人际来往中发生了矛盾冲突，切记要"情"与"礼"兼容，双管齐下，如此一来不但可以达到"拨乱反正"的效果，而且可以做人留一线，日后好相见。

【事例】

吕不韦以“礼”传情

当初，吕不韦无意中在赵国的邯郸城结识了身为质子的公子子楚，于是产生了扶植他成为秦国的国君的念头，并迅速展开行动。

子楚因为是庶出，所以虽然是秦昭王的亲孙子、太子安国君的亲儿子，但并不被喜欢。要让他在未来成为秦国的国君，就要改变子楚的形象，增加他的附加价值，使其获得安国君的喜欢。为此，吕不韦除了从内到外地改造子楚，为他营造美名，同时还带着用五百金收集的奇珍异宝前往秦国去做工作。

到达秦国后，吕不韦去拜访了安国君的正房夫人华阳夫人和她的弟弟阳泉君。在送上礼物后，他将子楚在赵国如何思念远在秦国的父亲安国君和华阳夫人之情向华阳夫人传达，继而为阳泉君分析当下的危险处境，即拥有实力雄厚的门客会遭到安国君的忌恨与怀疑，等安国君登上皇位可能会给他招来杀身之祸。在姐弟二人内心都无法平静时，吕不韦适时分析了扶持公子子楚为秦国继承人的好处，那就是让华阳夫人和阳泉君得到一个未来的秦王的依靠，最关键的这还是一个对姐弟二人言听计从的依靠。

一番话说完，华阳夫人和阳泉君都觉得很有道理，毕竟华阳夫人没亲生儿子，与其扶持一个可能不听话的，不如扶持一个听话的。此后，华阳夫人一抓住机会就不停地在安国君的身边提起子楚，夸他聪明，有才能，在民间极富美名。除此之外，华阳夫人干脆对宠爱自己的安国君直言自己没亲生儿子，想扶持子楚，想让他成为自己的依靠。结果疼爱她入骨的安国君不忍她伤心，就和她一起刻下玉符，约定将来自己当上国君后就立子楚为太子，并聘请吕不韦做子楚的老师。

【评析】

在这个故事中，吕不韦为了让子楚获得做未来秦国国君的机会，采用了情礼兼容的送"礼"方式。

首先，吕不韦为华阳夫人和她的弟弟阳泉君送上了第一份"礼"，即实实在在的奇珍异宝。所谓拿人手短，这就为双方的交流创造了机会。其次，吕不韦又为华阳夫人和阳泉君送上另一份"礼"，即子楚的深情和价值。对华阳夫人，吕不韦详细描述了子楚对她和安国君的思念之情，这是以情动人；对于阳泉君，他则从对方的性命和荣华富贵入手，分析了当下的危险处境，以及如何保住性命和财富，那就是扶植一个真正可以成为自己依靠的人，这是以利动人。最后，他对华阳夫人和阳泉君一起分析了扶持子楚做未来的秦国国君的好处，那就是子楚现在的不利因素恰好是他们的有利条件，一旦没任何助力的子楚坐上国君之位，那么他就会成为他们的依靠，可以让他们为所欲为。这同样是以利动人。

如此情理兼容的"礼"送上去，华阳夫人和阳泉君怎么可能不动心呢？怎么可能不礼尚往来地还以相应的回礼？于是华阳夫人同样为安国君送上情感之"礼"，坦率地表明自己未来的孤苦无依，同时明

确地要求回 "礼" ——让子楚成为未来的太子。在这一过程中,华阳夫人也礼尚往来地给了吕不韦回礼,那就是子楚得到成为太子的机会,以及吕不韦得到辅佐子楚的机会。有了这两个机会,吕不韦的目标就可以一步一步达成了。

纵观吕不韦解决子楚成为未来国君之路上的矛盾,正是借助于巧妙地送 "礼",这些 "礼" 选得恰到好处,送得及时,因此达到了解决当下的矛盾,为子楚铺平前进之路的目的。这就提示我们,人际交往中要解决矛盾冲突,可以采用情理兼容的方式送礼,一方面借物质的礼实实在在地打动对方,另一方面借情谊之 "礼",让对方获得心理满足,叩开对方的心门。双管齐下,怎么不达成创设和谐的人际关系的目标呢?